Richard Price und Sally Price · Die Instrumente der Fälscher

Richard Price
und Sally Price

Die Instrumente der Fälscher

Roman

Aus dem Amerikanischen
von Karin Diemerling

Kabel

Die amerikanische Originalausgabe
erschien 1995 unter dem Titel »Enigma Variations«
bei Harvard University Press in
Cambridge, Massachusetts und in London

Für unsere im Buch geschilderten Freunde

ISBN 3-8225-0429-7
© 1995 by the President and Fellows of Harvard College
Copyright der deutschsprachigen Ausgabe:
© Kabel Verlag GmbH, Hamburg 1998
Gesetzt aus der Stempel Garamond
Satz: KCS GmbH, Buchholz/Hamburg
Druck und Bindung: Friedrich Pustet, Regensburg
Printed in Germany

Herr Popescu: Darf ich fragen, ob Mr. Martins an einem neuen Buch schreibt?
Holly Martins: Ja, es heißt »Der dritte Mann«.
Herr Popescu: Ein Roman, Mr. Martins?
Holly Martins: Es ist ein Kriminalroman. Ich habe gerade damit begonnen. Er beruht auf Tatsachen.
Herr Popescu: Sind Sie ein langsamer Schreiber, Mr. Martins?
Holly Martins: Nicht, wenn mich das Thema interessiert.
Herr Popescu: Ich fürchte, Sie sind dabei, etwas sehr Gefährliches zu tun.
Holly Martins: Ach ja?
Herr Popescu: Sie vermischen Tatsachen und Erfindung.
Holly Martins: Sollte ich nur Tatsachen schreiben?
Herr Popescu: Aber nein, Mr. Martins. Sie sollten sich an die Erfindung halten, die reine Erfindung.
Holly Martins: Ich bin schon zu weit mit dem Buch, Herr Popescu.
Herr Popescu: Haben Sie noch nie ein Buch wieder verworfen, Mr. Martins?
Holly Martins: Nein.
Herr Popescu: Schade.

Dialog aus *Der dritte Mann* (1949)
mit Orson Welles, Regie: Carol Reed,
Drehbuch von Graham Greene
und Carol Reed

Es war kein besonders beeindruckender Trauerzug, der sich durch das weißgekalkte Tor des Friedhofs von Cayenne bewegte. Ein Dutzend seiner europäischen Freunde, alle mittleren Alters und vorwiegend männlich, der rotgesichtige *sous-préfet* und das Oberhaupt der Gendarmerie, beide in Galauniform, ein paar ortsansässige Kreolen und seine Haushälterin. Wir bemerkten, daß die Direktorin des Museums es vorgezogen hatte, Monsieur Lafontaine nicht die letzte Ehre zu erweisen.

»Seine Großzügigkeit«, sagte Yves Revel, wobei er sich mit einem geblümten Taschentuch eine Träne abwischte. »Die werde ich nicht vergessen.« Sie hatten viel zusammen durchgemacht, die Männer der kleinen Gruppe von Algerienfranzosen, die über Marseille nach Französisch-Guayana geflüchtet waren, nachdem Algerien 1962 an die Araber gefallen war. Im Grunde waren sie vom einen Ende des französischen Kolonialreiches an das andere geflohen und hatten nur die »*sales arabes*« gegen die »*sales nègres*« vertauscht, wenn auch einige von ihnen unterwegs eine Vorliebe für hübsche Mulattinnen entwickelt hatten.

Mit Hilfe ihrer hinausgeschmuggelten Ersparnisse – versteckt in Schuhen, eingenäht in Hosensäume – hatten sie sich ihre Nischen in der verschlafenen Wirtschaft des Cayenne der Nachkriegszeit geschaffen: einen Andenkenladen hier, einen Verlag dort, eine Zementfabrik auf der anderen Seite der Bucht, außerhalb der Stadt. Und das beste Bordell diesseits von Brasilien, das mit einer Belegschaft aus sechs Ländern und in allen Hautschattierungen etwas für jeden Geschmack bot.

In jenen Tagen wirkte Cayenne wie eine Stadt aus einer Erzählung von Somerset Maugham: dösend in der tropischen Hitze, mit allen Merkmalen eines Kolonialortes, der von den verschiedensten Exemplaren der menschlichen Rasse aus allen Ecken des Globus wimmelte. Wenige Jahre zuvor hatte ein französischer Arzt die Stadt als »ein undurchdringliches Gewirr der Rassen, ein Durcheinander von Farben, ein Babylon der Sprachen und der importierten Laster« bezeichnet.

Direkt im Zentrum von Cayenne konnte man in einem eleganten, ehemals kreolischen Heim das Musée Franconie besuchen, das im Jahr 1901 vom damaligen französischen Gouverneur eingeweiht worden war. Wenn die Smithsonian Institution die »Dachkammer« der Vereinigten Staaten darstellt, so könnte man das Musée Franconie als die von Französisch-Guayana ansehen. Ein europäischer Journalist vermittelt einen Eindruck von diesem Museum durch seine Aufzeichnungen über dessen Bestand:

»Ein riesiger, schwarzer Kaiman, mit Lack überzogen. Ein Faultier mit offenem Maul, das mit seinen langen Krallen an einem Ast hängt, den Bauch nach oben. In einem runden Schauglas das Käppi und die Epauletten von Generalgouverneur Félix Éboué.

Ein Busch voller Kolibris. Mehrere romantische Gemälde: *Victor Schoelcher, Befreier der Sklaven, auf seinem Sterbebett* von E. Decostier, Schenkung von M. Léon Soret, Richter; *Rouget de Lisle beim Singen der Marseillaise* von L. Pils, Radierung von Rajou; *Washington überquert den Delaware* (Winter 1776) von

Leutze. Ein wolliges Opossum mit einem zum Greifen geeigneten Schwanz.

Eine Reihe großer Bonbongläser, in denen dicke, schwarze Spinnen, die wie haarige Krebse aussehen, und Dutzende von Schlangen aller Größen mit Punkten, Streifen, marmorierter Zeichnung oder gerade ausgeschlüpft in einer gelblichen Flüssigkeit schwimmen. Ein Reliefmodell der Kaw-Bergkette und ihrer Bauxitlager. Der hölzerne Thron eines Großen Mannes der Boni, in den die Insignien des Häuptlings eingeschnitzt sind. Ein Rosenkranz, der einmal der Mutter Oberin Javouhey gehörte. Die Wirbelsäule eines Wals, der um 1876 bei Mana gestrandet war. Das Fluchtboot eines Sträflings von den Iles du Salut (Schenkung von M.E. Laudernet). Eine Sammlung naiver Gemälde des Häftlings Lagrange, die Szenen aus dem Alltag des Gefangenenlagers darstellen. Eine Miniaturguillotine für Zigarren aus einheimischem Holz, die genaue Kopie der Guillotine im Gefangenenlager. Das Schneidblatt und der Block der Guillotine, mit der der Bandit D'Chimbo im Januar 1862 in Cayenne hingerichtet wurde, dazwischen eingeklemmt eine Zeichnung des berühmten Banditen von M.-H. de Saint-Quentin – nach Auskunft einiger Experten ein Ersatz für den wirklichen Kopf von D'Chimbo, der früher in einem Glas mit Formaldehyd ausgestellt worden war.«

Obwohl sich die Tore der Strafkolonie am Ende des Zweiten Weltkriegs endgültig geschlossen hatten, waren ihre Spuren Mitte der sechziger Jahre noch überall in Cayenne zu sehen – die verfallenden Ziegelsteingebäude, die einmal Teil der Lagerverwaltung gewesen waren, die Anleger, wo die Gefangenen von Bord gegangen waren, und die festungsähnlichen Gefängnisgebäude, die jetzt von tropischem Wein überwuchert wurden. Die etwa zweihundert *vieux blancs* – übriggebliebene französische Sträflinge – schliefen, wo sie gerade konnten, oft unter den Königspalmen des Platzes, die Hand um eine Flasche algerischen Rotwein geklammert. Auch geistige Spuren blieben. Jeder Einwohner, von den Schulkindern bis zu den Alten, litt unter der Last, daß Cayenne und sein vorgelagertes Anhängsel, die Teufelsinsel, in der gesamten zivilisierten Welt mit Erniedrigung, Brutalität und Bestrafung gleichgesetzt wurden.

In der Blütezeit der Kolonie hatte Lafcadio Hearn, während er von Martinique aus »auf einem langen, schmalen, anmutigen Dampfschiff aus Stahl mit zwei Masten und einem leuchtend gelben Schornstein« nach Süden fuhr, die Essenz des fortdauernden Mythos eingefangen:

»Es ist der Morgen des dritten Tages nach unserer Abfahrt von Barbados, und zum ersten Mal, seit wir tropische Gewässer er-

reicht haben, scheint alles verändert zu sein. Die Luft ist schwer von einem seltsamen Dunst; und das Licht einer orangefarbenen Sonne, die durch die Nebel ungeheuer vergrößert erscheint, beleuchtet ein grünlich-gelbes Meer – schmutzig und trüb, wie ein stehendes Gewässer ...
Während wir uns über die Reling lehnen, erzählt mir ein Mitreisender, daß dieselbe klebrige, grünliche See auch die große Sträflingskolonie von Cayenne umspült, die er einmal besucht hat. Wenn dort ein Sträfling stirbt, wird die Leiche in einen Sack genäht und zum Wasser getragen, wo man eine mächtige Glocke läutet. Dann wird die stille Wasseroberfläche plötzlich von unzähligen Flossen durchschnitten – von den schwarzen Flossen der Haie, die zu dem schrecklichen Begräbnis eilen: Sie kennen die Glocke!«

Es war an einem dieser blendend-hellen Cayennemorgen, im Juni 1964, als Jacques-Émile Lafontaine vorsichtig die Gangway der *Jeanne d'Arc* hinunterging, die auf den Meeren zwischen Marseille, Fort-de-France und der Hauptstadt der Kolonie Französisch-Guayana kreuzte. Auf dem Kai winkten Yves und Claude, die einen Monat zuvor mit demselben Schiff angekommen waren,

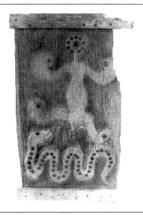

mit ihren Hüten in der Mitte der Menge und bahnten sich einen Weg zu ihrem Freund.
»Wie war die Reise?«
»Ermüdend, sehr ermüdend. Aber ich muß sagen, die Mahlzeiten waren annehmbar. Einige ausgezeichnete Bordeauxweine.«
Als er sich eingelebt hatte, wählte Lafontaine einen anderen Weg als seine Freunde, die Geschäftsleute. Als kürzlich examinierter Gymnasiallehrer wurde ihm ein regelmäßiges Einkommen zugesichert. Außerdem profitierte er nun von der vierzigprozentigen Gehaltszulage, die alle Staatsdiener in den französischen Überseedepartements erhielten. Aber er stellte bald fest, daß es alles andere als befriedigend war, einer Klasse von desinteressierten, Kreol sprechenden Kindern Texte von Rousseau oder Racine zu erläutern. Nicht lange nach seiner Ankunft in Cayenne beschloß er, von Belém aus mit dem Trampschiff eine Pilgerfahrt den Amazonas hinauf zu dem legendären Opernhaus von Manaus zu machen. Das war ein Ort, von dem er schon als Jugendlicher geträumt hatte, als er ganze Sommernachmittage damit verbrachte, in dem komfortablen Haus mit Blick auf die Bucht von Algier auf dem Grammophon seiner Mutter Puccini zu hören.

Belém war eine Offenbarung, seine erste echte tropische Metropole – bestehend aus einer halben Million exotischer Men-

schen, die sich um die Mündung des größten Flusses der Welt drängten. Er brachte Stunden damit zu, auf einer Mauer bei den Docks im Schatten der eisernen Gerüste des Ver-o-Peso-Marktes zu sitzen, von Indianerfrauen aus Flaschenkürbisgefäßen angebotene, leicht halluzinogene Suppen zu essen und fasziniert die muskulösen Schauermänner anzustarren, die schwere Kisten voller Waren von Flußschiffen jeden Alters und Aussehens entluden. Und dann die geruhsame, zehntägige Schiffsreise den Amazonas hinauf, mit zahllosen Halts an kleinen Handelsplätzen, um Feuerholz für die lärmenden Kessel des Bootes zu laden, die Passagiere, die in den auf Deck gespannten Hängematten dösten, geräuschlos längsseits herangleitende Indianer in Kanus, die grüne Papageien feilboten, und die spektakuläre Ankunft in der magischen Stadt Manaus, die nach einer Flußbiegung auftauchte und sich damals in den ersten Stadien ihrer Wiedergeburt befand.

Als junger Mann war er sehr beeindruckt gewesen von den Geschichten darüber, wie die reichen Familien der Amazonashauptstadt während des Kautschukbooms im späten neunzehnten Jahrhundert ihre Smokinghemden bis nach Lissabon geschickt hatten, um sie dort waschen und bügeln zu lassen, und wie 1912 der Boom plötzlich zu Ende war und die Stadt dem langsamen Verfall überlassen wurde. Doch jetzt würde sie bald eine Million

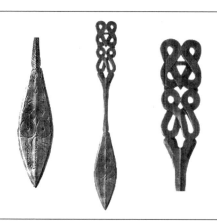

Einwohner haben und von neuem als aufstrebendes Zentrum eines der letzten »unerschlossenen« Gebiete der Erde dienen. Er konnte ihren pulsierenden Rhythmus fühlen. Er konnte den Geschmack von Hoffnung und Versprechen in der schwülen Luft wahrnehmen. Als er an diesem Abend vom Dampfschiff auf den menschenüberfüllten Kai trat, winkte er sogleich einen Jungen herbei, der seine Tasche tragen sollte, und bat, direkt zur Oper geführt zu werden. Dort war sie, am Ende der kopfsteingepflasterten Straße, das Teatro Amazonas! Obwohl sein Äußeres schwammzerfressen und baufällig war, der vierreihige Balkon zerbröckelte und die Farbe in großen, schmutzig-weißen Stücken von der berühmten, diamantenbesetzten Decke abblätterte, wo Nymphen, Cupidos und Satyrn immer noch auf kleinen Flächen verblassender Fresken herumtanzten, merkte Lafontaine, wie er zitterte, als er sich in dem gewaltigen Raum umsah, in dem nun Fledermäuse im Zickzackflug umhersausten und wo Jenny Lind einst gesungen und das russische Ballett getanzt hatte. Wieder auf der Straße, fand er eine Pension und mietete ein winziges Zimmer über einer Kneipe. Nach ein paar Antarctica-Bieren, einem Teller eines stark gepfefferten Reis-und-Bohnen-Gerichts und mehr als einer halben Flasche Pitú-Branntwein fiel er erschöpft in seine Hängematte.

Es war am folgenden Morgen, am Rande des ausufernden Hauptmarktes der Stadt mit seinen Käfigen voll kleiner Jaguare und Papageien, als Lafontaine seine Erscheinung hatte: eine Gruppe Mundurucú, die offenbar direkt aus dem Regenwald kamen – kleine, mit rotgelber Farbe bemalte Frauen mit Hängebrüsten, grimmig blickende Männer in purpurroten Lendenschurzen und Gesichtstätowierungen, die aussahen wie riesige, ausgebreitete Flügel. Er fragte sich, ob die Männer unter ihren Lendenschurzen, die sie für den Stadtbesuch angelegt hatten, die traditionellen, dreieckigen Penisbedeckungen trugen, die an einer Baumwollschnur befestigt waren und über die er in einem Buch über die Amazonasindianer gelesen hatte. Die Mundurucú hatten sich mit unzähligen Körben übervoll mit glänzendem, vielfarbigem Federschmuck umgeben: Kopfschmucke und Schürzen, Umhänge, Gürtel und Halsketten. Die Weichheit der Federn verursachte ihm Gänsehaut. Er kaufte, soviel er konnte, und eilte damit zurück in sein Zimmer, wo er die Flasche Branntwein leerte und den Federschmuck anprobierte, indem er auf einem wackligen Hocker vor dem rostfleckigen Spiegel balancierte.

Im Laufe mehrerer Aufenthalte während der Weihnachts- und Osterferien in Belém, das schon damals nur drei Flugstunden entfernt war, wurde Lafontaine zum Ehrenmitglied des örtlichen

Zirkels von Liebhabern von Dschungeltieren und exotischen Gebrauchsgegenständen. An den meisten Abenden versammelten sie sich zu Drinks, Gesprächen und anderen Vergnügungen in einem ironischerweise »Kathedrale« genannten Lokal am Hafen. Einige der respektableren Mitglieder dieser Gruppe waren Mäzene des Museu Goeldi, eines internationalen Zentrums für die wissenschaftliche Erforschung der Flora und Fauna und der Indianer des Amazonasgebietes. In dessen privatem Park mitten in der Stadt konnte man für nur ein paar hundert Cruzeiros auf einer Bank im Schatten blühender Jacarandabäume und eines riesigen Wollbaumes sitzen und Goldhasen und Nabelschweine vorbeiziehen sehen. Aber es gab auch die rauhbeinigen Vogel- und Tierhändler, die stromaufwärts reisten, direkt von den Indianern kauften und an jeden in der Stadt weiterverkauften, der ausreichend Verbindungen und Erfahrung hatte, die lebende Beute sicher über die Grenze zu schaffen. Affen, Faultiere, Boas constrictor, Jaguare, Papageien – es war für jeden Geschmack etwas dabei, und der private Markt in Europa schien unersättlich.

Lafontaines erste Tiere wurden per Boot exportiert – die Amazonasmündung wurde wenig kontrolliert, und der Wechselkurs machte den Franc für die Fischer und gelegentlich auch für den

Zollinspektor attraktiv. Zu dieser Zeit hatte er sich bereits mit den Beamten in Cayenne angefreundet, die seine Kisten ohne mit der Wimper zu zucken abfertigten. Hinter seinem bescheidenen Bungalow in Montabo am Rand von Cayenne begann Lafontaine, der schon immer gern herumgebastelt hatte, hölzerne Käfige zu bauen. Innerhalb von zwei Jahren hatte er sich als Nebengeschäft einen kleinen, halbprivaten Zoo eingerichtet.

Mitte der sechziger Jahre war Cayenne der Außenwelt immer noch am besten als »Land ewiger Strafe« oder einfach auch als »Grüne Hölle« bekannt. Aber es war nach einem offiziellen Erlaß der französischen Regierung dabei, sich in das »Land der Raumforschung« zu verwandeln. Zum Ruhme Frankreichs hatte Präsident de Gaulle im weit entfernten Paris beschlossen, ein »französisches Cape Canaveral« zu schaffen, und der Staat würde in Kürze Hunderte Millionen von Francs in eine neue Satellitenabschußstation in Kourou, eine Stunde westlich von Cayenne, investieren. Dieses schläfrige frühere Siedlungsgebiet – das kaum noch 35 000 Einwohner zählte, selbst wenn man die paar tausend Indianer und Nachfahren entflohener afrikanischer Sklaven mitrechnete, die abseits der staatlichen Verwaltungskontrolle im Dschungel lebten – war nun ausersehen worden, ein blühender, ganz und gar moderner Ableger Frankreichs zu werden, von dem de Gaulle

gern als »dem Schaufenster der Nation auf dem amerikanischen Kontinent« sprach.

Der Bau des europäischen Raumfahrtzentrums brachte tatsächlich eine große Zahl von Besuchern – Ingenieure, Raketenwissenschaftler, Computerexperten und ihre Familien – für kurze Aufenthalte nach Cayenne. Von denen, die den Weg zu Lafontaines kleinem Vorstadtzoo fanden, waren viele sehr daran interessiert, ein Souvenir mit nach Hause zu nehmen. Er entschied sehr bald, daß die einzige wirklich geeignete Methode, bedrohte Arten auszuführen, in der Nutzung der Militärflugzeuge bestand, die keiner Zollkontrolle unterlagen und immer öfter zwischen dem Mutterland und der Kolonie verkehrten, um Gendarmen und Legionäre zur Verstärkung der Sicherheitstruppen für das Raumfahrtzentrum zu bringen. Die Europäer – oder *métropolitains*, wie man sie in Französisch-Guayana nannte – blieben unter sich, und Lafontaine hatte bald ausreichend gute Beziehungen zu den militärischen Aufsichtsbeamten am Flughafen Rochambeau, um so ziemlich alles, was er wollte, in die Bäuche der mattgrünen Transportflugzeuge verladen zu können.

Zur selben Zeit verschaffte er sich durch den Federschmuck der Amazonasindianer, den er in immer größeren Mengen von seinen Ausflügen nach Brasilien mitbrachte, einen Ruf als Cayennes ein-

ziger ernst zu nehmender Sammler primitiver Kunst. Das Netzwerk brasilianischer Sammler erstreckte sich von dem ganz am Oberlauf des Amazonas gelegenen peruanischen Hafen Iquitos bis hinunter nach Belém und dann über Land zu den reichen Metropolen im Süden – Rio und São Paulo. Aber fast alles lief über Belém, und Lafontaines Freunde dienten häufig als Mittelsmänner, trieben Handel untereinander, reichten Kunstgegenstände weiter, verkauften vereinzelt an Touristen oder sogar Museumsleiter aus Europa oder Nordamerika.

Was diese Männer verband, war eine Leidenschaft für Federn, für Geld und für das Risiko. Zusätzlich zu ihrer Sammlertätigkeit versuchten einige sich in einfachen Reparaturen und später in umfassenderen Restaurierungsarbeiten und ersetzten die fehlenden Teile von älteren Exemplaren der Xingú-Federkronen oder Wayana-Initiationsbrustharnische, die ihnen in die Hände gerieten. Lafontaine paßte ganz ausgezeichnet in dieses Milieu, das sich durch seine Geringschätzung für das Beamtentum und Vorschriften, durch seinen ausgeprägten Ästhetizismus, seine diffuse Sinnlichkeit und seine Gier auszeichnete. Als die Gelegenheit sich bot, kaufte er eine Zweitwohnung in Belém, die er bar bezahlte.

Aufgrund der neuesten Gesetzgebung und des wachsenden

internationalen Drucks auf Brasilien waren seltene Federn zu einem der am schwierigsten über die Grenze zu bringenden Artikel geworden. Über seine Trinkkumpane freundete sich Lafontaine mit einigen Obersten der Armee an sowie mit verschiedenen hochrangigen Vertretern der FUNAI – der mit dem Schutz der Indianer beauftragten brasilianischen Behörde –, die ihm bei mehr als einer Gelegenheit aus der Klemme halfen, indem sie hier ein Dokument fälschten oder dort einen Anruf tätigten. Er fand heraus, wie er die komplizierter gearbeiteten Federschmuckobjekte auseinandernehmen konnte, ohne sie zu beschädigen, so daß er die Federn unter seiner Kleidung verbergen und das Ganze in der Sicherheit seines Hauses außerhalb Cayennes wieder zusammensetzen konnte.

Im Laufe der Jahre durchforstete Lafontaine – vor allem in Brasilien, aber auch während der Besuche bei seiner Mutter in Paris – die Antiquariate nach Büchern über Federarbeiten der Amazonasvölker. Besonders schätzte er wegen ihrer detailgetreuen Tuschzeichnungen eine ungebundene, reichillustrierte Monographie von einem Brasilianer namens Darcy Ribeiro, die er in Belém gefunden hatte. Außerdem hatte er einige der bekannteren Bände über die Holzschnitzkunst erstanden, wie sie von den in den Wäldern Französisch-Guayanas lebenden Schwarzen ausgeübt

wurde, besonders von den Gemeinschaften der Boni und der Saramaka.

Abends legte er gern »Tosca« auf und drehte seine Stereoanlage auf, während er in einem Buch von einem französischen Geographen über diese Nachfahren aufständischer Sklaven schmökerte, das genaue Erklärungen der sexuellen Symbolik ihrer Schnitzkunst enthielt – neben phantastischen Fotos von Bonimännern. Und obwohl er kaum Englisch lesen konnte, hatte er in der Rue de Seine ein Buch mit dem Titel *Afro-American Arts of the Suriname Rain Forest* gekauft, das ihm wegen der Abbildungen von Holzschnitzarbeiten der Saramaka gefiel.

Gegen Ende der siebziger Jahre verwandte Lafontaine immer weniger Mühe auf den Unterricht und seinen Zoo und nutzte den größten Teil seiner Freizeit zur Vervollständigung seiner Federsammlung. Er kaufte ein rotes MG-Cabrio und begann ein wenig, den Dandy zu spielen, indem er in Begleitung eines zahmen Ozelots, der auf dem Schalensitz neben ihm saß, in der Stadt herumfuhr.

»Die Weißen sind wirklich komisch«, sagen die Saramaka gerne. Diejenigen, die aus dem benachbarten Suriname nach Französisch-Guayana gekommen waren, um als Holzschnitzer oder Tagelöhner zu arbeiten, sahen Lafontaine manchmal in seinem Sportwa-

gen mit einem Dschungeltier umherfahren, das sie sowohl für heilig als auch für gefährlich hielten, und sie dachten sich, daß er eine große Macht besitzen mußte – oder aber verrückt war.

Er begann, die Saramakalager an den Straßenrändern aufzusuchen, wobei er die angeleinte Raubkatze im Wagen ließ. Er fand das Ambiente exotisch, und sowohl die Holzschnitzer als auch ihre Kunst zogen ihn an. Obwohl er ihre Sprache nicht verstand und nur wenig *Patois* sprach – den französischen Dialekt Französisch-Guayanas, den die Schnitzer normalerweise verwenden, wenn sie mit ihren Kunden sprechen –, trieb sich Lafontaine lange und oft genug in den Werkstätten herum, um einen guten Einblick in das Holzschnitzgeschäft zu bekommen. Durch wiederholte Besuche knüpfte er ein paar festere Verbindungen, darunter eine mit einem talentierten Künstler namens Konfa, der südlich der Stadt am Rande des Regenwaldes lebte.

Anders als die meisten Saramakaschnitzer sprach Konfa etwas Französisch. Zu Hause an den Ufern des Surinamflusses war er ein bekannter Künstler gewesen – bekannt zuerst aufgrund seiner kreativen Anmut beim *Sêkêti*-Tanz, dann durch seine Meisterwerke aus Holz. Er war auch ein namhafter Jäger, und seine Fähigkeit, mehrere junge und schöne Frauen zugleich anzuziehen und zu ernähren, hatte ihm Respekt als »Viele-Frauen-Mann«

eingetragen. Er lebte schon seit ein paar Jahren in Französisch-Guayana, als er Lafontaine kennenlernte. Sein athletischer Körper hatte begonnen, schlaff zu werden, und er trug nun eine goldgeränderte Brille bei der Arbeit. Auf der zeitlich begrenzten französischen Arbeitserlaubnis war sein Alter mit vierundvierzig angegeben, er war etwa genauso alt wie Lafontaine.

Konfa förderte Lafontaines Interesse und ließ seine Frau einen Klappstuhl herausbringen, auf dem er sitzen und zusehen konnte, wie die Schnitzerei Gestalt annahm, und als es Essenszeit war, bot er ihm einen Teller Reis mit Fisch oder Fleisch darauf an. Lafontaine blätterte mit Konfa zusammen in dem Buch des Geographen und entwickelte zum Teil auch darüber einen bestimmten Geschmack für Muster und Formen, und bald begann er Gegenstände in Auftrag zu geben, vor allem Trommeln und Paddel. Einige davon verschenkte er an Yves oder Claude oder Patrick. Andere begann er über seine Federhandelverbindungen nach Europa zu verkaufen. Er brachte Konfa davon ab, im Touristenstil zu schnitzen, da er festgestellt hatte, daß Paddel, die mit traditionelleren Mustern verziert waren, einen besseren Preis brachten. Konfa fühlte sich nicht immer wohl, wenn Lafontaine ihm bei der Arbeit zusah, aber er duldete seine Besuche, solange der Franzose weiter bei ihm kaufte.

Vielleicht waren wir auf der Beerdigung eher fehl am Platze. Schließlich war unsere Beziehung zu Lafontaine nicht gerade von Offenheit geprägt gewesen – von beiden Seiten aus nicht. Solange er noch am Leben war, hatten wir in einer unbestimmten Angst um unsere Sicherheit gelebt, wußten nie, ob er darüber Bescheid wußte, was wir über ihn herausgebracht hatten, wußten nie genau, zu was er fähig sein würde, wenn er uns auf die Schliche kam. Jetzt fühlten wir uns wenigstens von dieser nagenden Furcht befreit. Und waren außerdem frei, diese Geschichte so zu erzählen, wie wir sie hatten rekonstruieren können.

Unsere erste, indirekte Begegnung mit Lafontaine kam durch die Direktoren eines Museums zustande – aber nicht des altmodischen Musée Franconie. Weit davon entfernt. Das Musée d'Equatoria, das 1992 rechtzeitig zur Fünfhundertjahrfeier eröffnet werden sollte, war als eindeutig postkolonialer, nach dem neuesten Stand aufgeklärter Erkenntnis angelegter Beitrag zur kulturellen Entwicklung des Französisch-Guayana des späten zwanzigsten Jahrhunderts geplant, als eine Hommage an seine verschiedenen Völker und Kulturen. Bei den Feierlichkeiten zur Ankündigung dieses Projektes hob ein einheimischer Politiker Sinn und Zweck des neuen Museums hervor: »Bei der Vielzahl der in letzter Zeit

begonnenen kulturellen Vorhaben steht ein Ziel im Mittelpunkt: die Suche nach unserer Identität, die Erforschung und Bewahrung unseres Erbes, womit wir gleichzeitig einen neuen Kurs setzen wollen, um den neuen Menschen von Französisch-Guayana zu entdecken und ins Leben zu rufen.« Der erste »ausgearbeitete handlungsweisende Plan« für das Museum vermittelte die vorherrschende Note der Dringlichkeit:
»Französisch-Guayana ist in diesen Tagen ein Land, in dem tiefgreifende wirtschaftliche, soziale und kulturelle Veränderungen stattfinden. Dies bedeutet, daß traditionelle Lebensweisen von gänzlichem Vergessenwerden und Verschwinden bedroht sind. Diese Wandlung findet direkt vor unseren Augen statt. Die Situation in Französisch-Guayana ist absolut dringlich. Der kulturelle Zweck des Museums verlangt sofortige Aufmerksamkeit und Initiative. Die überlieferten Kulturen sind in Gefahr. Lebensweisen, Ausdrucksweisen, Sprachen, handwerkliche und technische Fähigkeiten, Musikinstrumente etc. befinden sich schon auf dem Weg in die Vergessenheit. Um dieser Gefahr entgegenzutreten, ist es notwendig, *schnell* zu handeln und möglichst *alles gleichzeitig* anzugehen.«

Die frisch ernannte Direktorin, eine Kreolin mit kürzlich erlangter Doktorwürde einer Universität in Frankreich, stellte

schnell ein internationales Beratergremium zusammen und lud Bürgerrechtler und andere Vertreter der verschiedensten ethnischen Gruppen aus dem Hinterland ein, bei der vorbereitenden Planung dabeizusein. Gleichzeitig wurden Staatsgelder bereitgestellt für die vorübergehende Einrichtung von Büros, für Verwaltungspersonal, für Foto- und Computerausrüstungen, für Konservierungsarbeiten sowie für den Ankauf von Objekten für die Museumssammlung.

Obwohl wir keine Franzosen sind, waren wir als Anthropologen und Spezialisten für die Saramaka und andere Maroongemeinschaften im Inneren Französisch-Guayanas gebeten worden, Mitglieder des Comité Scientifique, des wissenschaftlichen Beirates, zu werden. Um eine faire Vertretung der Maroons (auch »Buschneger« genannt) sicherzustellen, sagten wir zu, jedoch mit ernsthaften Bedenken. Wir hatten festgestellt, daß das Museum in ein umfassendes Modernisierungsprogramm verstrickt war, dem wir etwas befremdet gegenüberstanden: Es sah vor, eine neue, nationale Identität festzulegen (innerhalb der Beschränkungen durch den alles überspannenden französischen Staat), eine zügige »Französisierung« der »primitiveren« Bevölkerungsanteile (Indianer und Maroons) zu erreichen und das Problem der mittellosen Einwohner (darunter neue Immigranten wie Haitianer, Brasi-

lianer, Hmong und Surinamer) entweder durch vollständige Assimilation oder durch Ausweisung zu lösen. Uns war außerdem klar, daß die Gründung eines neuen Museums nicht leicht werden würde. Von politischen und wirtschaftlichen Problemen einmal abgesehen, besaß das zukünftige Museum keine Sammlung. Doch im Sommer 1989 hatte die dynamische Direktorin bereits französische und Schweizer Anthropologen beauftragt, das Innere Französisch-Guayanas zu durchkämmen, um kunsthandwerkliche Gegenstände von verschiedenen indianischen Stämmen zusammenzutragen, und Pläne für weitere Fachleute – darunter wir – erstellt, die im Laufe des Jahres 1990 die Sammelarbeiten bei den Maroons durchführen sollten. Außerdem war sie dabei, Auktionskataloge aus Europa und Nordamerika durchzusehen und über langfristige Leihgaben von besser ausgestatteten Museen auf drei Kontinenten zu verhandeln.

Anfang 1990, eine ganze Weile bevor wir zu unserer Sammelreise eintrafen, wurde die Direktorin durch einen Telefonanruf von einem Monsieur Lafontaine kontaktiert, der behauptete, einige Stücke zu besitzen, die sie interessieren könnten. Sie lächelte, als sie seinen Namen hörte, und dachte daran, wie sie und

ihre Freundinnen auf der höheren Schule sich immer das geheime Leben dieses französischen Lehrers vorgestellt hatten, der in seinem Cabrio herumkutschierte wie ein kleiner James Bond mit Spitzbart. Sie hatte gehört, daß er einen kleinen Zoo besaß und möglicherweise in den illegalen Handel mit vom Aussterben bedrohten Tieren verwickelt war. Und daß er aufgehört hatte, am Gymnasium zu unterrichten.

Durch ihre Verbindungen zu Leuten, die bei Air France, bei der Steuerbehörde und bei der Präfektur arbeiteten, konnte sie noch mehr herausbringen – zum Beispiel, daß er Wohnungen in Belém und Cannes besaß, daß er viel reiste und daß er etliche Objekte ethnographischer Kunst als Zwischenhändler durch die Hinterzimmer von teuren Souvenir- und Schmuckgeschäften seiner Freunde in der Hauptstadt verkaufte. Die verschiedenen Personen, die sie diskret zu Rate zog, ließen keinen Zweifel daran, daß er der führende Privatsammler von Kunst der Indianer und Maroons in Französisch-Guayana war. Sie rief ihn zurück und nahm seine Einladung an, die Sammlung am folgenden Dienstag in Augenschein zu nehmen.

Lafontaine öffnete die Tür, gab ihr die Hand und führte sie durch einen dunklen Flur, dessen Wände vollhingen mit Kronen und Halsketten aus Federn, zu einer engen Wendeltreppe und in

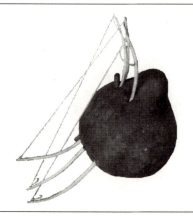

sein zweigeschossiges Apartment im vierten Stock. Er war älter und kleiner, als sie ihn in Erinnerung hatte. Sie setzte sich in den Ledersessel, den er ihr anbot, und ließ ihre Augen sich an das dämmerige Innere gewöhnen.

»Ich habe eine Flasche kaltgestellt«, verkündete er und ging hinaus in die Küche. Dann stellte er zwei Champagnerflöten und den Laurent-Perrier auf den Couchtisch, ließ den Korken knallen und schenkte ein. »Auf den Erfolg des Museums!« sagte er mit einem Lächeln. Die Direktorin, die selten Alkohol trank, führte das Glas nur leicht an die Lippen.

»Wie ich schon am Telefon erwähnte, hatte ich vor kurzem das Glück, in den Besitz einiger außerordentlich seltener Stücke zu gelangen, Teile eines Kreolenorchesters aus der Zeit der Sklaverei. Sie könnten meiner bescheidenen Meinung nach das Herzstück Ihres Museums bilden – besonders wenn ich sie, wie ich allen Grund habe zu hoffen, mit anderen Stücken aus derselben Quelle ergänzen kann. Lassen Sie mich Ihnen die Trompete zeigen.« Er hielt sie mit beiden Händen wie eine Opfergabe empor – ein Horn aus dunklem Holz mit feiner weißer Maserung und einem charakteristisch gewölbten Mundstück (119).

Die Museumsleiterin hatte sich geschworen, gelassen und gleichgültig zu bleiben, egal, was Lafontaine ihr zeigen würde. Sie

drehte das Horn in ihren Händen, betrachtete es mit zusammengekniffenen Augen und legte es wortlos wieder auf den Tisch. »Ich habe auch das Pendant dazu«, sagte er und griff in eine antike iberische Truhe, aus der er ein ähnliches Instrument (77) hervorzog. Dieses hatte drei Fingertasten aus Elfenbein oder Knochen, die aus dem Holz hervorragten, dazu ein Umhängeband aus geflochtenen Pflanzenfasern, verziert mit einer einzelnen Kaurimuschel. Sie zeigte keine Regung und bemerkte lediglich, daß dieses Instrument älter aussehe als das erste. »Ich bin kein Gelehrter«, sagte er, »aber ich habe Abbildungen von solchen Trompeten in dem Buch von Captain Stedman gesehen.« Tatsächlich erinnerte auch sie sich daran, diese Stiche gesehen zu haben, auf denen aufständische Sklaven aus dem achtzehnten Jahrhundert solche Hörner benutzten, um sich im Regenwald untereinander zu verständigen.

»Ich habe auch Negerbanjos«, fuhr er fort. »Würden Sie bitte hier herüberkommen, wo ich sie ausgebreitet habe?« Auf dem Fußboden hatte er auf einem hellblauen Bettlaken drei Instrumente arrangiert, die sich in verschiedenen Stadien der Reparaturbedürftigkeit befanden. Alle besaßen schüsselförmige Resonanzkörper, von denen zwei mit Tierhäuten überzogen waren, während der dritte mit Holz bedeckt war. Jedes Instrument hatte

vier Saiten. Zwei besaßen wackelige Stege und hölzerne Saitenhalter, und alle wiesen am unteren Ende kleine, merkwürdige Spitzen auf, fast, als ob sie in vertikaler Haltung gespielt worden wären, wie ein Cello. Das holzbedeckte Instrument hatte ein kunstvoll gearbeitetes Schalloch neben den Saiten und Holznägel, die die Decke mit dem Resonanzkörper verbanden. Bei den beiden anderen war das Schalloch in eine Seite des Resonanzkastens selbst geschnitzt worden. Die Stimmwirbel von zwei der Banjos waren in außergewöhnlich schöner Durchbrucharbeit ausgeführt, und bei einem waren sie, wie auch bei dem Banjo mit den einfachen Wirbeln, mit eingelegten Ringen aus Knochenmaterial umgeben (63). Die mit Tierhaut bezogenen Banjos hatten Tragegurte – einen gewebten, einen gehäkelten, und beide waren vom Tragen ein wenig abgenutzt. Die Direktorin stellte sich vor, wie ein Sklave mit einem der Instrumente über der Schulter abends zu seiner Liebsten gegangen war, um ihr ein Ständchen zu bringen.

»Sie haben auch Cellos gemacht«, sagte Lafontaine und wies auf die nächste Auslage, ein Stück weiter entfernt auf dem Parkettboden. Er bückte sich und reichte ihr eines von zwei fast identischen Stücken (97).

Bemerkenswert feine Arbeit, dachte sie bei sich. Vielleicht waren es Cellos, aber wahrscheinlicher Violas da gamba. Das

würde sie für die Aufschrift auf den Schildern genau recherchieren müssen.

Sie waren in erheblich besserem Zustand als die Banjos. Jede Viola bestand aus einem Resonanzkasten, der aussah wie der Panzer einer Schildkröte und der in den hölzernen Teil des wunderschön geschnitzten Instrumentes eingepaßt war. Beide hatten große, doppelte Schallöcher unter dem Steg, Endzapfen, die dekorativ in sich gedreht waren, vier Stimmwirbel in feiner Durchbrucharbeit und mit Knochenringen verziert und zwei Tasten aus Knochen am Hals. Zu jeder gehörte ein anmutig geformter Roßhaarbogen, geschmückt mit eingelegten Knochenscheiben.

Sie hatte zwar von geigespielenden Sklaven gehört, aber nie gedacht, daß sich solch feingearbeitete, europäisch wirkende Instrumente auf einer Plantage finden könnten. Die Verwendung heimischer Schildkrötenpanzer würde bestimmt begeisterte Kommentare in der Presse hervorrufen.

»Unglaublich«, entfuhr es ihr.

Lafontaine nickte befriedigt. »Und jetzt zu meiner eigentlichen Überraschung.« Er führte sie in eine Nische und knipste das Licht an.

Vor ihr stand eine große Harfe, wie sie noch nie eine gesehen

hatte (121). Auf einem Ständer aus Holz, der mit Holzstiften zusammengefügt war, ruhte ein riesiger Gürteltierpanzer. Der aus Holz bestehende Teil des Instruments setzte sich nach oben in einem Bogen fort und endete in einer Reihe von Wirbeln und Spiralen. Ein Schachbrettmuster aus Knochenquadraten verzierte die Decke des Resonanzkörpers, deren geschnitzter, spiralförmiger Fortsatz den Schwanz des Gürteltieres nachzuahmen schien. Ein runder Hocker, der ihr nach Boni- oder Saramakaarbeit aussah, wies ein ähnliches Schachbrettmuster auf. »Der ist zum Sitzen für den Harfespieler«, kommentierte Lafontaine.

Sie ließen sich wieder in ihren Sesseln nieder, wobei sie ihm mit einer Geste bedeutete, daß sie nichts mehr zu trinken brauchte.

»Nun, Madame, jetzt konnten Sie sich selbst ein Bild machen. Was meinen Sie?«

»Sehr interessant. Natürlich müßte ich mehr über die Herkunft der Instrumente wissen.«

»Das ist eine faszinierende Geschichte«, antwortete er mit sichtlichem Eifer. »Seit einigen Jahren pflege ich den Kontakt zu einem älteren Herrn in Paramaribo, der aus einer alten Pflanzerfamilie kommt. Er ist nicht mehr bei bester Gesundheit, und der Bürgerkrieg in Suriname hat ihn in finanzielle Schwierigkeiten gebracht. Während der letzten zwei Jahre hat er mir immer mal

wieder geschrieben, daß er bereit sei, das eine oder andere Stück aus seiner Sammlung zu verkaufen.«

»Und woher hat er sie bekommen?«

»Von seinem Vater. Der Vater war ein echter Experte. Er führte ein Notizbuch, sein Sohn zeigte es mir einmal, in dem er die Geschichte jedes Stückes eingetragen hatte – den Namen des Sklaven, der es gemacht hatte, in welchem Jahr und zu welcher Gelegenheit. Wissen Sie, auf der Plantage dieser Familie war es Sitte, daß der Herr bei jeder Geburt seine Sklaven beauftragte, ein Instrument herzustellen. Im Laufe eines Jahrhunderts fertigten sie, glaube ich, zweiunddreißig Musikinstrumente an – das sagte er mir jedenfalls –, aber ich habe sie nicht alle gesehen. Er bewahrt sie in einer Abstellkammer auf, wo sie alle durcheinanderliegen, ein wahres Sammelsurium an Objekten, und nur mit der größten Geduld konnte ich die Stücke retten, die Sie gerade gesehen haben. Aber ich habe die Hoffnung, bald noch mehr zu bekommen – und Sie, Madame, werden die erste sein, die die Gelegenheit erhalten wird ...«

»Wann, sagten Sie, sollen sie hergestellt worden sein?«

»Zur Zeit Captain Stedmans, im achtzehnten Jahrhundert, ein paar vielleicht auch erst im neunzehnten. Immer, wenn ein Fest oder ein Ball oder eine Hochzeit auf einer benachbarten Plantage

stattfand, lieh der Eigentümer seine Sklavenmusiker mitsamt ihren Instrumenten aus. Ich will Ihnen ein ähnliches Instrument zeigen, das Stedman in seiner Sammlung hatte.«

Er ging zu einem Bücherregal, zog *Afro-American Arts of the Suriname Rain Forest* heraus und schlug eine Seite mit dem Bild eines Banjos aus der Schale eines Flaschenkürbisses auf, das dem Banjo auf dem Fußboden sehr ähnlich sah und um 1770 (107) einem Sklaven abgehandelt worden war. »Dies ist das älteste bekannte Banjo des amerikanischen Kontinents«, übersetzte er. »Außer meinem vielleicht«, fügte er mit vergnügtem Gesichtsausdruck hinzu. »Wer weiß?«

»Dieses Buch«, erklärte er und pochte mit dem Zeigefinger darauf, »ist wirklich meine Bibel. Es ist immer die erste Quelle, die ich zu Rate ziehe, wenn mir ein Stück Negerkunst angeboten wird.«

Die Direktorin beschloß, sich zu verabschieden. »Ich brauche etwas Zeit zum Überlegen. Wäre es möglich, die Stücke zur genaueren Untersuchung für ein paar Wochen in unserem Lagerraum zu deponieren?«

»Ich werde sie in wenigen Tagen selbst vorbeibringen, nachdem ich Gelegenheit hatte, sie ein bißchen zu säubern«, sagte er.

Während er sprach, versuchte Lafontaine, seine Aufregung zu verbergen. Er wußte, daß dies ein wichtiger Durchbruch für ihn als Händler sein konnte. Das Museum verfügte über ein großzügiges Budget und würde sicher internationale Aufmerksamkeit auf sich ziehen. Und wer wußte, wohin solch öffentliche Anerkennung noch führen konnte? Auf jeden Fall würden jetzt sicher Experten herangezogen werden – vielleicht auch die Autoren seiner »Bibel«. Er empfand Zuversicht, wenn auch gemischt mit etwas Nervosität, daß seine Stücke der Musterung standhalten würden. Obwohl ihm nicht wirklich etwas daran lag, bereitete ihm doch der Gedanke heimliches Vergnügen, daß die Kunstgeschichte für diesen Teil der Welt mit einiger Wahrscheinlichkeit neu geschrieben werden mußte, um diese bemerkenswerten Funde aus Suriname miteinzubeziehen.

Wieder zurück in ihrem Büro, betrachtete die Direktorin erneut die Abbildung von Stedmans Banjo in dem Buch. Dieses Stück befand sich im Königlichen Museum in Leiden. Wenn sie nun ein ganz ähnliches erwerben konnte? Und eine von Lafontaines hölzernen Trompeten hatte fast genauso ausgesehen wie die, die auf Stedmans Stich »Musikinstrumente der afrikanischen Neger« dar-

gestellt war. Tatsächlich konnte sie gar keinen Unterschied feststellen.

Von Anfang an hatte sie befürchtet, daß die kreolische Abteilung des Museums am schwierigsten zu bestücken sein würde. Die primitiven Kulturen der Regenwaldindianer und der Maroons boten sich praktisch von selbst für die Museumsvitrinen an, aber die Kultur ihrer eigenen Vorfahren, der Sklaven und Freigelassenen, war weniger gut bekannt und hatte weniger materielle Spuren hinterlassen. Diese großartigen Instrumente – die Violas aus Schildkrötenpanzern, die Harfe aus dem Gürteltierpanzer – mit ihren genialen Anpassungen europäischer Formen an die tropische Umgebung, könnten einen symbolischen Mittelpunkt für das gesamte Museum bilden, eine Metapher für den Prozeß der Kreolisierung. Als erstes galt es, Geld aufzutreiben. Sie war sicher, daß sich Lafontaine nicht für ein Trinkgeld von diesen Raritäten trennen würde.

Und wirklich, an dem Morgen, als er mit den Instrumenten kam, überreichte er ihr einen Umschlag mit einer einzeiligen, handgeschriebenen Notiz: »250 000 für alle zusammen«.

Ihr normales Arbeitsbudget reichte nicht im entferntesten für einen Ankauf dieser Größe aus. Aber sie wußte, was sie zu tun hatte, und bat die Sekretärin, ihr Monsieur Jean-Rose ans Telefon

zu geben. »Luc«, sagte sie, »wie geht's dir? Hör zu, ich habe hier einige Stücke, von denen ich möglichst schnell gute Fotos brauche. Kannst du heute nachmittag kommen?«

Gute Fotografien zu bekommen war immer ein Problem. Die Franzosen hatten mit ihren großen Studios und ihrer hochmodernen Ausrüstung einen großen Teil des einheimischen Marktes übernommen. Im Prinzip wollte sie nicht mit diesen Leuten zusammenarbeiten und versuchte weiterhin, die eher handwerklich ausgerichtete kreolische Fotografietradition zu unterstützen, die sie ihr ganzes Leben lang gekannt hatte. Das Problem war nur, daß die Bilder oft verschwommen oder schlecht umrahmt waren, und es gab die Tendenz, die Negative zu verlegen. Jean-Rose lichtete die Instrumente mit seiner schon etwas altersschwachen Rolleiflex ab und bemühte sich, ihre ungewöhnlichen Formen zur Geltung zu bringen. Sie bestellte zwanzig Sätze Farbabzüge, die er so bald wie möglich liefern sollte.

Mit Briefen nach Frankreich und einer Reihe von Treffen mit einheimischen Politikern begann die Direktorin ihre Initiative. »Die LAFONTAINE-Sammlung, so genannt nach ihrem gegenwärtigen Besitzer«, schrieb sie in ihrer formellen Präsentation, »umfaßt acht historische Musikinstrumente (spätes achtzehntes bis frühes neunzehntes Jahrhundert) in äußerst gut erhaltenem

Zustand, die zuvor einem aus einer holländischen Pflanzerfamilie stammenden Sammler in Suriname gehörten. Weltweit gibt es in den Sammlungen nur wenige Stücke dieser Art (zum Beispiel im Museum von Washington). Um die schwerwiegenden Folgen beim Verkauf dieser Sammlung an ausländische Interessenten zu vermeiden, ein Schritt, der vom Besitzer bereits in Erwägung gezogen wird, ist es von entscheidender Bedeutung, unverzüglich zu handeln und diese Rettungsaktion zur Erhaltung unseres nationalen Erbes durchzuführen.«

Die Sponsoren in Cayenne und Paris störte es nicht, daß sie Stedmans Sammlung von Holland in das »Museum von Washington« (offenbar ein Versuch, die Autorität der Smithsonian Institution ins Spiel zu bringen) verlegt hatte. Aufgrund der überzeugten Stellungnahme der Direktorin, die durch aktive Lobbyarbeit und die Fotos von Monsieur Jean-Rose unterstützt wurde, genehmigte die vor allem aus Kreolen bestehende einheimische Abgeordnetenversammlung 100 000 Francs zur Erhaltung dieses wertvollen Kulturerbes Französisch-Guayanas für zukünftige Generationen. Und das Direktorium französischer Museen in Paris beschloß, ihr pauschal 200 000 Francs zur Verfügung zu stellen, unter der üblichen Bedingung, daß 50 000 davon für ein Expertengutachten verwendet wurden.

Sie war erstaunt, wie leicht es gewesen war. Auch wenn Lafontaine mindestens einmal im Monat anrief und andeutete, daß er mit anderen Interessenten in Kontakt stand, gefiel es ihr, ihn ein wenig schmoren zu lassen. Sie wußte, daß sie zum richtigen Zeitpunkt bereit sein würde.

An diesem Punkt begann unsere Rolle in der Geschichte. Die Museumsleiterin, die sich von vornherein nicht gern in die Karten sehen ließ, schickte uns ein Fax ins Stanford Humanities Center, wo wir in jenem Jahr als Gastdozenten arbeiteten. »Ich füge diesem Fax mehrere Fotografien von Musikinstrumenten bei, die uns zum Verkauf angeboten wurden, und möchte Sie bitten, mir ihren Eindruck davon mitzuteilen. *A priori* scheinen die Instrumente authentische historische Stücke zu sein.«

Wir hielten das glänzende Papier vor ein Fenster und versuchten, die Einzelheiten auszumachen. Zwei der Instrumente – ein Seitenhorn und ein Banjo – schienen aufs Haar Stücken von Stedman zu gleichen. Sie wären wirklich ein Coup für das neue Museum! Das Horn, das Stedman um 1770 skizziert hatte, galt lange als verschollen, und sein Banjo war in einem Lagerraum des Leidener Museums verstaut gewesen, falsch etikettiert und über

ein Jahrhundert lang unbeachtet, bis wir es in den siebziger Jahren wiederentdeckt hatten. Wir waren uns ziemlich sicher, daß sich keine anderen Instrumente dieser historischen Herkunft in irgendeinem Museum der Welt befanden.

Und nun sahen wir plötzlich acht davon vor uns. Neben den beiden Stedman-Ebenbildern gab es eine Abwandlung des Horns mit drei Tasten sowie zwei interessante Varianten von Stedmans Banjo. So etwas wie die kleinen Cellos hatten wir noch nie gesehen, auch konnten wir auf den Bildern nicht erkennen, woraus ihre seltsamen Resonanzkörper bestanden, aber sie schienen wunderschön gemacht zu sein. Und die riesige Harfe, die ebenfalls jenseits unseres Erfahrungsschatzes lag, war außergewöhnlich elegant gearbeitet.

Wir versuchten, uns genauestens die Instrumente in Erinnerung zu rufen, die wir auf einer Lithographie von tanzenden Sklaven um 1820 in Suriname im Haus einer Kollegin in Amsterdam gesehen hatten. Darauf waren eine Mundharfe, eine große Mandoline, eine Querpfeife und Trommeln zu sehen gewesen, aber was ihre kunsthandwerkliche Ausführung betraf, reichten sie nicht im mindesten an die Stücke auf den gefaxten Fotos heran.

Wir wußten, daß die Museumsdirektorin ein sofortiges Urteil erbat, das auf dem blitzartigen Erkennen beruhen sollte, zu dem

wahre Kenner angeblich fähig sind. Doch wir fühlten uns bei diesem Begutachtungsspiel äußerst unwohl in unserer Rolle. Besonders Sally. Sie hatte erst vor kurzem einen Aufsatz mit dem Titel »Nimbus der Kennerschaft« veröffentlicht, der sich mit der Behauptung bekannter Kunstkenner des zwanzigsten Jahrhunderts – von Joseph Alsop bis Nelson Rockefeller – auseinandersetzte, daß sie ihre Urteile aufgrund eines »Instinktes« fällen würden und daß sie mit einer Art angeborenem »Auge« für Qualität und Echtheit begnadet seien, einer seltenen Gabe, die manche Menschen besaßen, die meisten jedoch nicht. Darin hatte sie die Relativität des Kunstgeschmacks – jeweils abhängig von Epoche und Kultur – hervorgehoben und auf den unangebrachten Hochmut derjenigen hingewiesen, die glaubten, daß ihr »Gefühl« universelle und absolute Gültigkeit besitze. Und sie hatte kräftig auf dem gesamten System herumgehackt, das auf der Prämisse einer weltweit gültigen, von einem elitären Kreis ausgeübten Autorität beruht – einem System, das den Kunstmarkt, die Museen und die akademische Disziplin der Kunstgeschichte umfaßt.

Seit der Veröffentlichung dieses Aufsatzes und den gereizten Reaktionen, die er von seiten der Kunstwelt provoziert hatte, waren wir noch weiter gegangen und hatten uns gefragt, inwieweit man nicht das gesamte System als eine großangelegte Augen-

wischerei betrachten könne. Immerhin hatte schließlich Lord Kenneth Clark – Englands berühmtester Connaisseur – kurz vor seinem Tod geschrieben: »Mein ganzes Leben könnte man als eine einzige, harmlose Hochstapelei beschreiben.« Und Thomas Hoving vom Metropolitan Museum in New York ging schon seit einigen Jahren mit ähnlichen Bekenntnissen in Bestsellerauflagen hausieren. Genau wie der Gourmet mehr mit dem Vielfraß gemein hat, als man vielleicht zuerst glauben möchte, könnte man – unserer Meinung nach – aus einer bestimmten Perspektive auch Kunstkenner und Hochstapler als Variationen eines Themas ansehen.

Wir nahmen das Fax mit zum Mittagessen, um unseren Universitätskollegen von der Anfrage und unserem Dilemma zu berichten.

»Wenn die Situation dort auch nur die geringste Ähnlichkeit mit der in Afrika hat«, sagte ein Englischprofessor, der afrikanische Stammeskunst sammelte, »ist das meiste, was heutzutage auf den Markt kommt, gefälscht, und Käufer müssen sich schon sehr, sehr gut auskennen. Ich will Sie nicht mit Anekdoten von meinen eigenen Reisen nach Abidjan langweilen, aber es ist allgemein bekannt, daß Händler an der Elfenbeinküste zum Beispiel eine neu hergestellte Maske nehmen, sie ein paar Wochen lang über

dem Kochfeuer räuchern, sie noch eine Weile in einem Termitenhügel zerfressen lassen und dann mit Ruß einreiben – dieses Verfahren wird mit einem etwas technischeren Ausdruck auch als Distressing-Prozeß bezeichnet. Dann erzählen sie den Käufern, daß die Maske ›getanzt wurde‹, was ihren Marktwert natürlich erheblich steigert.«

»Aber der Unterschied in Guayana ist, daß es dort eigentlich keinen Markt gibt«, entgegnete Rich. »Zwar wird gelegentlich eine Maroonschnitzerei von einem Händler in Europa oder den Staaten angeboten, aber das sind keine hochbezahlten Gegenstände. Ich verstehe nicht, aus welchem Grund jemand diese Art Kunst fälschen sollte, wo in den Dörfern doch noch genügend echte Sachen herumliegen. Die Nachfrage übersteigt das Angebot nicht. Ich glaube noch nicht einmal, daß auf der ganzen Welt eine einzige ›Fälschung‹ von Maroonkunst existiert. Jedenfalls haben wir noch nie von einer solchen gehört. Es ist völlig anders als in Afrika. Und der Markt für kreolische Kunst – was diese Instrumente ja sein sollen – ist sogar noch kleiner.«

Sally nahm eines der gefaxten Fotos zur Hand und zeigte auf die Stimmwirbel. »Außerdem ist es nicht nur eine Frage von Original oder Fälschung«, sagte sie. »Es gibt da auch noch den ganzen grauen Bereich, in dem künstlerische Arbeit, Bastelei, Restau-

rierung und Reparatur ineinander übergehen. Das ist der Bereich, in dem die Problematik der Begutachtung von Kunstgegenständen wirklich interessant wird.« Sie wies darauf hin, daß die prinzipielle Ähnlichkeit des Banjos mit den von Stedman gesammelten Sklaveninstrumenten aus dem achtzehnten Jahrhundert bei den Stimmwirbeln aufzuhören schien, die jedenfalls auf den Faxbildern überhaupt nicht nach Sklaven- oder Kreolenkunst aussahen. Sie ähnelten eher einer Art von Saramakaschnitzkunst, die um die letzte Jahrhundertwende entwickelt wurde. Dennoch, räumte sie ein, könne dies Teil der normalen Geschichte eines solchen Objektes sein: Wenn die ursprünglichen, im achtzehnten Jahrhundert von Sklaven hergestellten Wirbel zum Beispiel irgendwann abgebrochen waren, war es gut möglich, daß ein Saramakaschnitzer im Laufe unseres Jahrhunderts Ersatzstücke angefertigt hatte.

Bevor wir diese Diskussion weiterführen konnten, fragte ein Historikerkollege ein wenig aggressiv dazwischen, wie Anthropologen darüber dächten, Geld für »Experten« anzunehmen. Rich brachte erneut sein Unbehagen gegenüber dem ganzen System des Begutachtens und Taxierens – einem Spiel mit hohen Einsätzen – zum Ausdruck und führte mögliche Folgen dieses Spiels für die Einkommensteuer der Spieler, berufliche Karrieren,

öffentliche Gelder und sogar die Kunstgeschichtsschreibung an. Das war ein Teil des internationalen Kunstbetriebes, an dem wir nie das Interesse einer Mitwirkung verspürt hatten. Und im übrigen, verteidigte er uns, gehe es hier nicht um Geld – wir bekamen schließlich nichts bezahlt.

Ein Literaturprofessor am Tisch merkte an, daß die Geisteswissenschaftler im Gegensatz zu den meisten akademischen Wissenschaftlern nur selten einen Großteil ihres Einkommens durch außerhalb der Universität stattfindende Beratungstätigkeiten verdienen könnten – abgesehen von den Kunsthistorikern. Sally fügte hinzu, daß Kunstgutachten in den Vereinigten Staaten häufig von Kunsthistorikern der Universitäten vorgenommen würden, während es in Europa meist staatlich zugelassene hauptberufliche Gutachter seien. Und so ging die Diskussion weiter, sprang von einer halbrelevanten Bemerkung zur nächsten, trug aber letztendlich nichts dazu bei, unsere Zweifel zu zerstreuen. Wir waren der Direktorin des neuen Museums erst ein einziges Mal und nur kurz begegnet. Wir wußten nichts über den Anbieter. Uns war bewußt, daß für beide Seiten viel auf dem Spiel stehen konnte. Daher formulierten wir unsere Antwort mit einiger Vorsicht:

»Die Musikinstrumente scheinen recht interessant zu sein. Auch wenn wir auf der Grundlage der fotokopierten Abbildun-

gen keine sicheren Schlüsse ziehen können, tippen wir auf eine recht gute Chance, daß es sich um ›authentische historische Stücke‹ handelt. Die einzigen in Museen befindlichen Instrumente dieser Art stammen aus der von John Gabriel Stedman in den siebziger Jahren des achtzehnten Jahrhunderts auf Sklavenplantagen in Suriname erstellten Sammlung. Ihre Fotokopien lassen vermuten, daß diese Instrumente, so sie sich als echt erweisen sollten, von beträchtlichem ethnologischem Interesse nicht nur für Französisch-Guayana, sondern für die Geschichte der Afroamerikaner im allgemeinen wären.«

Im selben Fax teilten wir ihr mit, daß wir endlich den Flug gebucht hatten, der uns für die Sammelexpedition bei den Maroons im Sommer nach Französisch-Guayana bringen sollte.

Wir kamen im Juli in Cayenne an. Obwohl die Direktorin uns in keiner Weise ihre Gedanken verriet, hatte sie sich zu diesem Zeitpunkt praktisch schon entschieden. Sowohl die Mittel aus Paris als auch die der einheimischen Regierung standen ihr nun zur Verfügung, und alles schien dafür zu sprechen, den Handel perfekt zu machen. In der kleinen Welt regionaler Museen würde dieser Ankauf als bedeutende Erwerbung gelten, es würden ihre

ersten Kunstobjekte von »Weltklasse« sein. Die Tatsache, daß es sich um kreolische Meisterwerke und nicht um ethnographische Sammelstücke aus den Regenwäldern handelte, verlieh ihnen sogar noch mehr Prestige.

Da Lafontaine bis Ende August auf Urlaub in Frankreich war und wir nun schon einmal in ihrem Büro saßen, wollte die Direktorin die Gelegenheit nutzen und sich ein weiteres Mal vergewissern, daß sie nicht dabei war, etwas zu tun, was sich als peinlicher Fehler herausstellen konnte. Sie lud uns zusammen mit einem aus Frankreich zu Gast weilenden Anthropologen und Sachverständigen ein, uns vier der Instrumente anzusehen, die auf ihrem Bücherregal arrangiert waren. Wir befühlten kurz das Horn und das Banjo, die uns beide so sehr an Stücke von Stedman erinnert hatten, und dachten, daß ihre Existenz fast zu schön war, um wahr zu sein, aber wir wußten nicht, was wir von dem Satz Instrumente als Ganzem halten sollten. Die Direktorin erzählte uns nur wenig, was hätte helfen können, ihren historischen Kontext zu erhellen, und außerdem waren sie mit ziemlicher Sicherheit von Sklaven oder Kreolen hergestellte Artefakte, lagen also ein wenig abseits unseres eigentlichen Fachgebietes.

Gegen Ende des Sommers, als wir aus dem Landesinnern mit Koffern voller ethnographischer Schätze für das Museum im Wert

von 50 000 Francs nach Cayenne zurückkehrten, war der Handel über die Bühne gegangen. Monsieur Lafontaines Kontostand hatte sich um einen Überweisungsbetrag von 250 000 Francs erhöht.

Die Direktorin stürzte sich von da an in ihre geschäftigste Arbeitsphase. Sie wußte nun, daß sie über fast unbegrenzte Mittel für ihr Museum verfügen konnte. Sie erhielt immer mehr Unterstützung von den angesehenen Bürgern der Stadt und aus der Departementverwaltung, sie begann, die Ergebnisse der erfolgreichen Sammlungsaktivitäten des Sommers zu katalogisieren, wofür sie eine Datentypistin einarbeitete, die die Informationen über die erworbenen Objekte in das neue Computersystem aufnehmen sollte, und sie arbeitete verwaltungstechnische Details unter der Beratung von Museumsfachleuten in Paris aus. Außerdem widmete sie dem Aufbau des äußerst wichtigen kreolischen Bestandteils ihrer Sammlung sehr viel Zeit, nahm an gesellschaftlichen Zusammenkünften teil und besuchte potentielle Geldgeber. Bei Auktionen von Möbeln aus der Kolonialzeit tat sie ihr Bestes, wenn sie auch oft von Agenten schicker Hotels auf Martinique überboten wurde, die nach Antiquitäten Ausschau hielten. Fast

täglich besprach sie sich mit dem französischen Berater und Anthropologen über den Architekturwettbewerb für den Museumsbau, und der beste Entwurf wurde schließlich im November ermittelt. Zur selben Zeit beaufsichtigte sie den Transport ihrer Sammlung zur Einlagerung in ein geräumigeres Depot am anderen Ende der Stadt. Und sie hatte die schwierige Entscheidung getroffen, ihren nachlässigen Assistenten zu entlassen, was einen mittleren Skandal in dem engverflochtenen, kleinen Gesellschaftszirkel, zu dem sie beide gehörten, verursachte. Mitten in diesem Wirbel von Aktivitäten bemerkte die Direktorin, daß sich ihre Wege immer häufiger mit denen von Lafontaine kreuzten, auf den sie entweder persönlich oder, was öfter geschah, auf indirekte Weise traf.

Eine ihrer Pflichten als Direktorin des Museums war es, den Schutz von Französisch-Guayanas kulturellem Erbe zu überwachen. Im Prinzip bedeutete das, daß sie das Recht hatte, den Export jedes Gegenstandes, der dazugezählt wurde, zu unterbinden. In der Praxis verbrachte sie wesentlich mehr Zeit, als sie wollte, damit, Tips nachzugehen und Zollinspektoren zu zwingen, das Gesetz zu befolgen, und das oft nur Stunden oder Minuten bevor der fragliche Gegenstand den Boden Französisch-Guayanas per Schiff verlassen sollte.

Über ihre Verbindungen zu Leuten im Staatsdienst war es ihr schon bei mehreren Gelegenheiten gelungen, Lafontaines Pläne zu durchkreuzen, und sie hatte ihn erfolgreich daran gehindert, heimlich einen fünfzig Jahre alten Kopfschmuck der Wayanaindianer und, zu einem späteren Zeitpunkt, eine große kreolische Kassawamühle nach Deutschland zu exportieren. Diverse Informationsbruchstücke, die ihr zu Ohren kamen, überzeugten sie davon, daß Beamte in hohen Positionen Lafontaine dabei halfen, die Exportbeschränkungen zu umgehen. Durch einige selbst durchgeführte, diskrete Nachforschungen hatte sie sogar ermitteln können, daß jede ihrer Bitten an die Präfektur, sie bei der Verhinderung der Ausfuhr eines bestimmten Objektes zu unterstützen, zu Lafontaine durchgesickert war, bevor man ihn auf frischer Tat ertappen konnte. Aus Berichten darüber, was er erfolgreich in Militärflugzeugen unterbringen konnte und was ihm durch ankommende Flugzeuge geliefert wurde, schloß sie, daß er einen Großteil seines Warenbestandes zwischen seinen Wohnungen in Cannes, Cayenne und Belém hin und her schob.

Lafontaine wußte von ihrer Einmischung und war wütend darüber, aber er schaffte es schließlich dennoch, den Kopfschmuck an einen reichen europäischen Besucher zu verkaufen, der ihn ein-

fach mit Air France in seinem Koffer aus dem Land brachte. Und als die Direktorin mit dem für die heikle Situation nötigen Feingefühl persönlich an ihn herantrat, um über einen möglichen Verkauf der Kassawamühle an das Museum zu sprechen, war er bereit, die Mühle zur Begutachtung in das Museumsdepot überstellen zu lassen.

Sie begann, diesen kleinen Mann als einen Fall anzusehen, der darauf wartete, geknackt zu werden – aber er würde ihr eventuell auch noch nützlich sein können. Deshalb machte sie, als die Gelegenheit sich bot, unter irgendeinem Vorwand einen Schnappschuß von ihm, als er gerade einen Federkopfschmuck in der Hand hielt, einfach, weil sie vielleicht noch einmal Verwendung dafür haben würde.

Aus demselben Gedanken heraus hatte sie sich noch ein anderes mögliches Beweisstück angeeignet. Als Lafontaine sie in ihrem Büro aufsuchen wollte, um über die Kassawamühle zu verhandeln, erlitt er eine dieser *malaises*, Anfälle, die zunehmend häufiger auftraten und für ihn und seine Freunde immer beängstigender wurden. Nachdem er die zwei Treppen hinaufgestiegen war, keuchte er und schnappte in Folge seines schwachen Herzens nach Luft, bleich und schwitzend. Als die Direktorin und ihre Sekretärin ihm auf einen Stuhl halfen, entleerte sich die Mappe,

die er bei sich trug, auf den Schreibtisch der Direktorin, so daß sie einen Blick auf einige der Seiten werfen konnte. Schnell entschlossen steckte sie zwei davon ihrer Sekretärin zu, die sie im Büro nebenan fotokopierte, und als er seine Medizin genommen und sich ausreichend erholt hatte, um wieder sprechen zu können, hatte sie die Blätter bereits wieder zurückgelegt.

Er erklärte, er habe die Kassawamühle von einer alten, in einiger Entfernung von Cayenne gelegenen Plantage gerettet, die er nicht näher bezeichnen wollte. Mehrere Teile hätten gefehlt, da die Mühle seit Jahrzehnten nicht mehr benutzt worden sei, und deren Ersetzung habe ihn monatelange Nachforschungsarbeiten gekostet. Aber nun sei ihr ursprünglicher Zustand exakt wiederhergestellt, und es gebe Käufer in mehreren Ländern – darunter auch Museen, wie er ihr zu verstehen gab –, die nur darauf warteten, sie sich unter den Nagel reißen zu können. Ob sie die Mühle kaufe oder jemand anders, sei ihm letztendlich egal. Aber er hoffe, daß sie die Freundlichkeit besitzen werde, schnell zu einer Entscheidung zu kommen, und ihm für den Fall, daß sie sie nicht für das Kulturerbe wolle, erlauben werde, die Mühle zu exportieren.

Die Mühle bereitete ihr Kopfzerbrechen. Sie war zwei Meter hoch und wurde manuell durch große, hölzerne Griffe angetrieben, die ein Paar mit Nägeln versehene, horizontal gelagerte

Walzen gegeneinander bewegten. Darüber befand sich ein roh gezimmertes kleines Dach, das einen winzigen Heiligenaltar beherbergte. Die einzelnen Teile wirkten grob zusammengesetzt – vielleicht eine Folge von Verwitterung, kombiniert mit ausgiebigen Reparaturarbeiten. Sie bestellte verschiedene ortsansässige Experten für kreolische Traditionen und Technologie zu sich und erhielt genauso viele verschiedene Meinungen. Die Mühle sah eher aus, als ob sie aus Brasilien und nicht aus Französisch-Guayana stammte, dachte sie. Aber wenn sie echt war, mußte sie den Mittelpunkt der kreolischen Ausstellungsstücke bilden. Sie schwankte. Wie auch immer das Urteil ausfallen würde, sie würde nicht zulassen, daß er die Mühle nach Berlin schickte.

Im Mai 1991 rief Lafontaine an, um ihr mitzuteilen, daß er ihr eine Reihe neuer Stücke zeigen wolle, diesmal hauptsächlich Saramakaarbeiten und recht alt. Seine Gesundheit, erinnerte er sie, verschlechtere sich, und er wolle seinen Bestand auflösen. »Ich denke sogar ernsthaft daran«, sagte er, »ganz nach Frankreich zurückzukehren.«

Das überraschte sie nicht. Sie wußte, daß sein Freund Claude, in Vorbereitung seiner eigenen Rückkehr nach Frankreich, dabei war, seinen Verlag zu schließen, und sie hatte von einem Nachbarn

gehört, daß Patrick, ein weiteres Mitglied des Zirkels, in nächster Zeit wahrscheinlich seine Villa am Meer zum Verkauf anbieten würde. Dies konnte tatsächlich ihre letzte Gelegenheit sein, von der Sammlung zu profitieren, die Lafontaine in rund fünfundzwanzig Jahren angelegt hatte.

Sie fragte ihn, ob er ihr die Stücke den Sommer über anvertrauen würde, da er erwähnt hatte, daß er noch in diesem Monat zu seinem jährlichen Urlaub in Frankreich aufbrechen werde. Er war damit einverstanden, daß sie ihren Assistenten in der Depotverwaltung mit dem Transportwagen des Museums herüberschickte, um die achtundzwanzig Stücke einzuladen.

Ein paar Tage später suchte Lafontaine die Direktorin auf, um sich davon zu überzeugen, daß seine Stücke gut angekommen waren, und ihr überdies etwas über ihre Geschichte zu erzählen. Außerdem war er begierig zu wissen, wie sie sich bezüglich der Kassawamühle entschieden hatte, da er demnächst potentielle Kunden in Europa treffen werde. Sie hielt ihn wegen der Mühle noch hin, ließ ihn aber über die Objekte sprechen, die jetzt einen ganzen Lagerraum im zweiten Stock eines Gebäudes in einem anderen Teil der Stadt belegten.

»Die meisten dieser Stücke«, erzählte er, »stammen von demselben Herrn aus Paramaribo. Seit kurzem ist einer seiner Söhne

in Schwierigkeiten. Offen gesagt, er sitzt wegen Mordes im Gefängnis in Caracas – und der Vater brauchte eine große Summe *pronto*.« Er rollte das R. »Offenbar lag die alte Familienplantage in einem Gebiet, das von Saramaka bewohnt wurde, und im Laufe der Zeit kauften sie hier einen Hocker und dort eine Trommel, ein Paddel oder ein Tablett, bis sie zur Zeit seines Vaters ein ganzes Zimmer damit angefüllt hatten. Die Gegenstände waren in schlechtem Zustand, teilweise beschädigt und sehr schmutzig, als ich sie erhielt, aber es ist mir gelungen, sie wieder recht ansehnlich zu machen, finden Sie nicht?«

Sie versagte ihm die Befriedigung einer Antwort, gestand sich aber im stillen ein, daß es sich wirklich um eine erstaunliche Sammlung handelte, von einer Qualität, die sich höchstens im Musée de l'Homme in Paris oder in Holland wiederfand. Es gab Kanubugs, eine Reihe von Objekten aus Holz, die mit Schlangenschnitzereien verziert waren, weitere phantastische Musikinstrumente und einen riesigen, sehr realistisch gearbeiteten hölzernen Phallus an einem Gürtelband. »Der Phallus und die dazugehörige Maske«, sagte er, während er ihren Blicken folgte und mit dem Kinn auf eine Begräbnismaske am anderen Ende des Raums deutete, »wurden mir von einem Bergbauingenieur namens Breton verkauft. Er sagte, er habe sie von einem Saramaka

erhalten, der in das Dorf Papaïchton zu einem Bonibegräbnis gekommen war. Breton schürfte an den Ufern des Lawa nach Tantalit – das ist ein seltenes, schwarzes Mineral, das die Amerikaner zu dieser Zeit in ihren Transistoren verwendeten.« Sie erinnerte sich tatsächlich an diesen Monsieur Breton, einen Franzosen, der mit einer Kreolin verheiratet gewesen war. Er war vor zehn oder zwölf Jahren gestorben. Monsieur Lafontaines Geschichten schienen Hand und Fuß zu haben.

»Übrigens«, sagte sie, als sie den Lagerraum verließen, »ich habe die Prices eingeladen – das Ehepaar, das dieses Buch über afroamerikanische Kunst geschrieben hat –, sie kommen nächsten Monat, um für das Museum in den Gebieten entlang des Tapanahoni auf Sammelexpedition zu gehen.«

»Ausgezeichnet! Es wäre mir eine Ehre, sie kennenzulernen, wenn Sie nach meiner Rückkehr aus dem Urlaub ein Treffen arrangieren könnten. Wenn Sie mich fragen, sind sie die größten Experten auf dem Gebiet der Buschnegerkunst.«

Während Lafontaine uns über den Kunstband kannte, den wir geschrieben hatten, war unser erster bildlicher Eindruck von ihm jener farbige Schnappschuß der Direktorin. Wir waren in Fran-

zösisch-Guayana zur zweiten unserer beiden Sammelmissionen im Landesinnern angekommen und saßen in ihrem Büro, wo sie uns kurz über die Entwicklungen seit dem vergangenen Jahr informierte. Wir besichtigten den neuen Computer, der von der neuen Datentypistin mit Informationen gefüttert wurde. Wir betrachteten die Ablageschränke, die nun die Dokumentationen der verschiedenen Sammelexpeditionen beherbergten. Wir studierten den als Sieger des Wettbewerbs ausgewählten Museumsentwurf. Und wir hörten von dem Satz kunsthandwerklicher Objekte, der dem Museum zum Verkauf angeboten worden war – von demselben Mann, wie die Direktorin erklärte, der ihr im Vorjahr die acht kreolischen Instrumente verkauft hatte.

»Sein Name ist Lafontaine, und ich traue ihm nicht so recht«, vertraute sie uns an und zog etwas aus der obersten Schublade ihres Schreibtisches. Sie reichte uns das Foto.

Darauf blickte uns eine kleine männliche Gestalt mit einem penibel gepflegten Vollbart durch eine getönte Pilotenbrille an. Die Ärmel seines engsitzenden Paisleyhemdes waren bis zu den Ellbogen hochgekrempelt. Er war etwa Mitte Fünfzig, schätzten wir. Auf einem Arm balancierte er einen Amazonasindianerhelm, bestehend aus einem zweireihigen Federring, der von kunstvoll

angeordneten und gebogenen größeren Schmuckfedern, Geweben aus Baumwollbändern und Quasten aus Perlen und Federn gekrönt war.

»Ich bat ihn, den Kopfschmuck hochzuhalten, damit ich ihn besser fotografieren könnte«, sagte sie lachend.

Sie zeigte uns auch den Brief, den sie fotokopiert hatte, und bot uns eine Kopie davon an. Wir überflogen ihn gemeinsam. Er bestätigte auf jeden Fall die zweifelhafte Seite von Lafontaines Existenz, auf die die Direktorin uns offenbar unbedingt hinweisen wollte.

Die beiden handbeschriebenen Blätter, die per Einschreiben aus Deutschland geschickt worden waren, enthielten Ratschläge für das Verstecken der Kassawamühle und ihr Außer-Landes-Schmuggeln in einem Armeeflugzeug. Des weiteren wurde von einem in Suriname geborenen Holländer berichtet, der einen Scheck über tausend Dollar für die Reservierung der Kassawamühle angeboten habe (der Rest wahlweise zahlbar in Dollar oder Deutsche Mark) und der außerdem einige Musikinstrumente, die er auf Polaroidfotos gesehen habe, kaufen wolle, wenn Lafontaine ihm einen angemessenen Kredit gewähren würde. Und es gab eine Anspielung auf Objekte, die in Gebäuden gelagert wurden, die einem »Claude« gehörten, sowie meh-

rere Absätze sehr persönlicher Natur. Der Brief schloß mit einem Postskriptum: »Egal, was du tust, erwähne nie unseren kleinen Ausflug nach Brasilien.«

Die Direktorin bat uns schließlich um zwei Gefallen. Sie brauchte unseren Rat bezüglich der viel größeren, uneinheitlicheren und teureren Sammlung, die Lafontaine zum Kauf angeboten hatte. Und sie hoffte, daß wir ihr darüber hinaus bei ein wenig Amateurdetektivarbeit behilflich sein würden. Einige von Lafontaines französischen Freunden, erklärte sie, besäßen Andenken- und Antiquitätenläden. Obwohl sie Grund zu der Vermutung habe, daß sie exportgeschützte Objekte an ausgewählte Kunden in den Hinterzimmern ihrer Geschäfte verkauften, habe sie sich als Kreolin nie so recht in diese Umgebung gewagt. Und als Direktorin des Museums stehe ein persönlicher Besuch für sie nun ganz außer Frage. Ob wir vielleicht ein bißchen herumschnüffeln und ihr dann Bericht erstatten könnten? Was die neuen, zum Kauf angebotenen Objekte betreffe, so werde sie selbst zwar in zwei Tagen auf Urlaub nach Frankreich fliegen, würde sich aber freuen, wenn wir, wann immer wir die Zeit fänden, die Stücke zu untersuchen, einfach ihre Sekretärin um den Schlüssel für das Depot bäten, wo sie derzeitig aufbewahrt wurden.

»Monsieur Lafontaine hat außerdem den Wunsch geäußert, Sie beide kennenzulernen«, erzählte sie. »Er behauptet, Ihr Buch über afroamerikanische Kunst sei seine Bibel, und hofft, Ihre Meinung über den übrigen Teil seiner Sammlung zu erfahren. Sie sollten einmal seine Wohnung sehen. Sie ist vollgestopft mit antikem Kunsthandwerk. Auch wenn er eitelkeitshalber auf Ihre professionelle Anerkennung aus ist, könnten wir trotzdem die Gelegenheit zu einer Begegnung nutzen!« sagte sie lächelnd.

»Wann können wir ihn treffen?«

»Zur Zeit ist er leider im Urlaub in Europa und kommt erst wieder, wenn Sie schon flußaufwärts auf Ihre Expedition gezogen sind. Aber ich kann gleich nach Ihrer Rückkehr nach Cayenne im nächsten Monat ein Treffen vereinbaren.«

Nachdem wir noch die Einzelheiten unserer Sammelreise besprochen hatten, verabschiedeten wir uns und wünschten ihr *bon voyage*. Sie bat ihre Sekretärin über die Sprechanlage, den Assistenten mit dem Museumstransporter vorbeizuschicken, damit er uns zu dem Apartment fahren konnte, das sie für uns während unseres Aufenthaltes angemietet hatte. Wir verbrachten den Rest des Tages damit, uns einzurichten, und verschoben alle weiteren Aufgaben auf den nächsten Morgen.

Die Sammlungen des neuen Museums waren seit den ersten Expeditionen 1989 stetig angewachsen und belegten nun eine Wohnung im zweiten Stock eines Hauses in einer ruhigen Straße, die, von den Verwaltungsräumen aus betrachtet, am anderen Ende der Stadt lag. Eine halbe Umdrehung mit dem Schlüssel der Sekretärin genügte, um die Tür zum Bestand des Museums zu öffnen; das vorhandene Riegelschloß war nicht geschlossen worden. Innen waren zwei Räume mit tiefen Regalen ausgestattet, die die katalogisierten Erwerbungen enthielten: Korbwaren, Holzarbeiten, Federn, Töpferwaren, Kalebassengefäße, Pfeile und Bogen und Musikinstrumente. Eine kleine Küche diente als Restaurierungswerkstatt. Auf der einzigen Arbeitsplatte lagen oder standen ein geborstenes hölzernes Tablett, ein Wayanakamm mit Federverzierungen, verschiedene Sorten von Klebstoff, einige Markierungsstifte, eine Sprühflasche mit Windex, ein Schraubstock, Terpentin, zwei Schraubenzieher, ein Radio, eine Plastikflasche mit Ajax, ein Notizbuch und mehrere Bleistifte. Ein türloser Schrank enthielt weitere kunsthandwerkliche Gegenstände und Werkzeuge, einen Comicband und eine Schachtel mit schokoladenüberzogenen Müsliriegeln. Als wir die Tür neben der Küche öffneten, traten wir aus der stehenden Hitze in kühle, klimatisierte

Luft. In den Regalen dieses klimatisierten Raums hatte man Textilien gelagert; Hintergrundtücher und leere Filmdosen deuteten auf eine gelegentliche Nutzung als Fotostudio hin, und dann gab es dort die zur Begutachtung deponierte Sammlung.

Der Großteil davon war auf dem Fußboden ausgebreitet oder gegen die Wände gelehnt. Zwei Kanupaddel (81, 112) und ein großer Holzspatel zum Umrühren und Verteilen von Speisen (105) wiesen Durchbruchschnitzereien in einem Stil auf, der in den östlichen Maroondörfern verbreitet ist, wenn auch das Holz dunkler war als bei den meisten uns bekannten Arbeiten.

Ein Hocker, dessen leicht konkave, runde Sitzfläche in der Mitte durch Abnutzung glatt war und glänzte, war mit einem verschlungenen Motiv, einer Kreuzschraffierung und eingelegten Knochenscheiben verziert (61). Sein Sockel war auf zwei Seiten in schachbrettmusterartiger Durchbrucharbeit gefertigt und wurde von Holzstiften zusammengehalten. Wir sahen, daß er eine Registrationsnummer des Museums trug, und schlossen daraus, daß dies der Hocker war, der zu der Harfe gehörte. Wir hatten sie im vergangenen Jahr nicht zu sehen bekommen. Ein anderer Hocker, ebenfalls mit schachbrettmusterartigen Kufen, war an zweien seiner oberen Kanten durch eine geschnitzte Schlange erweitert worden, deren gespaltene Zunge wieder auf der rechteckigen Sitz-

fläche auflag, die außer einem Randmuster und zwei Riesenkaurimuscheln in der Mitte schmucklos war (120).

Ein Kanubug mit gängiger Bemalung im Ndjukistil und Ziernägeln stand aufrecht auf seiner abgesägten Seite, die Spitze anmutig nach vorn gebogen. Daneben lag ein weiterer, jedoch im Saramakastil ausgeführter Bug (12) mit einem abgenutzten Sitz in Flachreliefausführung, der nach den zwanziger oder dreißiger Jahren unseres Jahrhunderts aussah. Die wunderschöne, dreiteilige Abdeckung über dem Bug, in Durchbruchmustern geschnitzt, wies die linearen Einschnitte und völlig regelmäßigen unter- und übereinander geführten Verschlingungen auf, die die Schnitzer erst in den Jahrzehnten nach dem Zweiten Weltkrieg für ihre verwobenen Bandmuster erfunden und damit einen neuen Standard gesetzt hatten. Die Spitze dieses Kanus war mit einem Metall, augenscheinlich Kupfer, bedeckt und nicht mit Weißblech, wie wir es normalerweise von Kanubugs kannten. Die unterschiedlich großen Nägel, mit denen der Bug beschlagen war, wirkten ziemlich korrodiert.

Außerdem gab es drei, scheinbar aus Wasserbüffelhörnern gemachte Trompeten, die mit hölzernen Mundstücken verbunden und mit Tragebändern ausgestattet waren, welche wiederum aus umwickelten Pflanzenfasern oder Streifen aus Tierhaut bestanden

und mit aufgereihten, feinen röhren- und scheibenförmigen Knochenteilen geschmückt waren (131). Von einer der Trompeten hingen zusätzlich Quasten aus Bändern, Knochenscheiben und Pflanzenschoten herab. Weitere Musikinstrumente zeigten eine ähnliche Bauweise aus den verschiedensten Materialien. Ein Teil eines Gürteltierrückenschilds war an einem Ende durch ein Mundstück aus Knochen verlängert und am anderen durch eine hölzerne Glocke, die mit Holznägeln befestigt war, und eine gesprenkelte Schneckenmuschel hing an etwas, das wie ein Gürteltierschwanz aussah. Beide waren mit dicken Quasten geschmückt, die in diesem Fall getrocknete Beeren und geschnitzte »Klappern« aus Holz statt Pflanzenschoten am unteren Ende trugen.

Mehrere Saiteninstrumente erinnerten uns an die vom letzten Sommer. Jedes davon wies hohle »Tasten« aus Knochen auf dem Griffbrett auf, kunstvoll in Durchbrucharbeit geschnitzte Stimmwirbel (18), einen Resonanzkasten aus Schildkrötenpanzer mit schmückenden Einkerbungen und einen dekorativen Holzzapfen, der in ein Loch an der Spitze des Halses paßte. Es gab auch einen Flaschenkürbis mit einem Mundstück aus Holz und Knochen sowie ein geriffeltes Brett, offenbar zum Schaben; ein schwarzer Stock mit seidenartigen Goldtroddeln war anschei-

nend der dazugehörige Schaber (37). All diese Instrumente schienen wie die, die das Museum im Jahr zuvor gekauft hatte, nicht von Maroons zu stammen. Vermutlich waren auch sie von Sklaven oder ihren kreolischen Nachkommen hergestellt worden, obwohl einige Teile den Eindruck erweckten, als seien sie von Saramakaschnitzern repariert oder ersetzt worden.

Gegenüber den Kanubugs, auf der anderen Seite des Raumes, stand ein anderes geschnitztes Objekt aufrecht auf seiner Unterseite und bog sich majestätisch nach oben. Obwohl in der Größe übertrieben, mit eingeritzten Pfeilmotiven dekoriert, mit Ziernägeln beschlagen und mit einem stark verkrusteten Taillenband ausgestattet, war es deutlich als anatomisch korrekter Phallus, komplett mit Eichel und Hoden, zu erkennen. Sogar Schamhaar war in Form eines Troddelbandes mit Pflanzenschoten an der Unterseite und lose hängenden Baumwollschnüren an beiden Enden angedeutet (35). Daneben auf dem Fußboden war dieselbe Art Schoten an einem gewebten Baumwollband zu sehen; möglicherweise handelte es sich um eine Art Fußband, das zum Tanzen getragen wurde und einst makellos weiß gewesen war (24).

Es gab auch eine Maske (109). Die Augenbrauen und der Schnurrbart aus Tierhaaren, der schlüssellochförmige Mund, die breite, rechteckige Nase und die abstehenden, die Ohren darstel-

lenden Holzteile erinnerten uns an eine Begräbnismaske, die wir in den sechziger Jahren im Saramakaland geschenkt bekommen hatten, allerdings waren die Ohren hier aus separaten Holzteilen geschnitzt und mit Bändern aus Pflanzenfasern befestigt, die durch eine Reihe von Löchern geführt wurden. Die Stirn zeigte ein eingeritztes Motiv, das uns von Illustrationen von Aluku-schnitzereien her vertraut war, und einige wenige Ziernägel. In zehn gebohrte Löcher entlang der Kinnlinie war ein Bart aus Baumwollfasern geknüpft, an dessen beiden Enden je ein langes, lose hängendes Band befestigt war, womit ein dichtes Büschel der gleichen Schoten gehalten wurde, die sich auch an dem Phallus befanden.

In einer Ecke gegen die Wand gelehnt erblickten wir eine kreisförmige Durchbruchschnitzerei, die in einen zerbrechlich wirkenden, quadratischen Rahmen eingepaßt war (78). Daneben stand eine Miniaturtür, die sehr verwittert aussah (13). Ihre Flachreliefschnitzerei stellte eine menschliche Gestalt mit einem stilisierten Penis dar, deren Gesicht von einem Kreis aus Nägeln geformt wurde, und darunter züngelte eine sich windende Schlange schelmisch in Richtung des Mannes. Die Schlange ähnelte derjenigen auf einem der Hocker, war jedoch mit einer Reihe korrodierter Schmucknägel statt der Einkerbungen ver-

ziert. Dasselbe Schlangenmotiv tauchte auch auf zwei anderen Objekten auf – einem hackeähnlichen Gerät, das eventuell zum Rechen von Maniok beziehungsweise Kassawa auf dem Röstblech hätte gedient haben können, wenn der Griff an der gebogenen Seite angebracht gewesen wäre, und einem dunklen, zerbrechlich-dünnen, halbkreisförmigen Tablett in einem eckigen Rahmen. Zu guter Letzt gab es ein Bündel überdimensionaler hölzerner Löffel mit abgenutzter, glatter Oberfläche, die unserer Vermutung nach vielleicht dazu verwendet worden waren, Kassawakörnchen nach dem Rösten vom Blech zu löffeln.

Wir kritzelten abwechselnd eifrig in unser Notizbuch und versuchten, jedes Detail genau festzuhalten, als ob wir durch die Auflistung am Ende wüßten, was wir von dem visuellen Potpourri vor uns zu halten hatten. Wir waren mindestens genauso über die Schönheit der Stücke verwundert wie über ihre vereinzelten Anomalien. Sally dachte an Gespräche, die sie mit professionellen Gutachtern in Paris geführt hatte, und fragte sich, ob ihr das Ausbleiben eines blitzartigen Erkennens beim ersten Eindruck Sorgen bereiten sollte. Sie erinnerte sich, einen Text von einem Kustos des Louvre gelesen zu haben, worin dieser kategorisch erklärte: »Alle Zuschreibungen beruhen auf dem Instinkt, und wir belegen sie erst im nachhinein durch rationale Argumente.«

Es lag auf der Hand, daß wir nicht die Erfordernisse für jene Sorte echter Kenner mitbrachten, die mit ihrem Instinkt arbeiteten. Trotz der gelegentlichen Fragen, die durch ein Detail aufgeworfen wurden, dem wir in Maroondörfern oder Museumssammlungen noch nie begegnet waren, spürten wir nichts von jenem Funken der Inspiration, der uns sicher zwischen authentisch und gefälscht unterscheiden ließ. Unsere Vorstellung von Beweisen und begründeter Überzeugung verlangte, wenn auch mit vorübergehend lähmender Auswirkung, nach wissenschaftlicher Exaktheit. Wir merkten, daß unsere Arbeit gerade erst begonnen hatte.

Nicht daß wir uns gescheut hätten, Vermutungen anzustellen. Unsere Besessenheit, irgendeine Art von »Wahrheit« zu finden, war sogar stetig im Wachsen begriffen. Gehen wir einmal von der Hypothese aus, sagten wir uns an diesem Abend bei einem vietnamesischen Essen, daß die Objekte genau das sind, wofür Lafontaine sie ausgibt. In diesem Fall stellen sie ein phantastisches Zeitdokument von Meisterwerken dar, von denen viele über ein Jahrhundert alt sind und neue Aspekte über die Kunst der Maroons und über Besonderheiten ihrer Kunstgeschichte ans Licht bringen, die bis jetzt noch nirgends verzeichnet wurden. Und wenn dies so ist, dann ist es unsere Aufgabe als Fachleute, die

Gegenstände auf der Grundlage unseres bisherigen Wissens einzuschätzen und einzuordnen. Dieser Logik folgend, machten wir uns daran, Lebensgeschichten für die rätselhafteren Stücke zu konstruieren – ethnographisch stimmige Szenarios, die erklären konnten, wie die bekannten und die verwirrenden Teile zusammengekommen sein konnten.

Was wäre zum Beispiel, wenn alle Stücke im späten neunzehnten Jahrhundert in einem Dorf am Sara Creek hergestellt worden wären, einer Gegend, die in den sechziger Jahren unseres Jahrhunderts für ein Wasserkraftwerk überflutet wurde und von der wir nur aus der Literatur wußten? Da die religiösen Bräuche der Maroons berüchtigt für ihre regionale Verschiedenheit sind, könnte dieses Dorf am Sara Creek nicht eine besondere Version des *Voodoo*-Schlangenkultes gehabt haben, zusammen mit einer höher entwickelten Schlangenikonographie als die, der wir am oberen Surinamfluß begegnet waren? Im Laufe der Zeit konnten einige Stücke zerbrochen und dann von Männern, die in einem späteren Holzschnitzstil arbeiteten, repariert worden sein. So konnte beispielsweise die ursprüngliche, im Flachrelief geschnitzte Abdeckung des Kanubugs durch eine andere ersetzt worden sein, die in dem abwechselnd über- und untereinander verlaufenden Bandmuster geschnitzt worden war, das einen spä-

teren Stil kennzeichnet. Das würde das Nebeneinander zweier Holzschnitzstile aus zwei verschiedenen Perioden am selben Kanu leicht erklären.

Genauso konnte es einen bestimmten Zeitpunkt gegeben haben, an dem die gewöhnlich verwendeten Messingziernägel in den Läden von Paramaribo ausverkauft waren und die Schnitzer sich mit Eisennägeln behelfen mußten, die mit der Zeit natürlich rosteten, zumal das Kanu in einem Gartenlager in einiger Entfernung vom Hauptdorf zurückgelassen worden sein und einige Zeit unter Wasser gestanden haben konnte, nachdem der Fluß in der Regenzeit über die Ufer getreten war. Das würde sowohl den Rostfraß der Nägel als auch den dunklen Ton eines Großteils des Holzes erklären.

Das Schlangenmotiv auf dem hackeähnlichen Gegenstand legte einen rituellen Gebrauch nahe, vielleicht für Besitztänze, so daß eine Schabfläche, die gebogen statt glatt war, kaum von Bedeutung gewesen wäre. Vielleicht wurde damit auch etwas in ein rundes Gefäß geschabt, oder das Objekt war überhaupt nicht als Schaber gedacht. Und ein Dorf am Sara Creek hätte recht gut den Raubzügen von durchziehenden Feldsammlern entgehen können, zumindest so lange, bis beispielsweise ein einsamer Geologe der alternden Priesterin des Kultes sämtliche Stücke

abgaunerte und an einen Freund verkaufte, der sie in einem unbenutzten Zimmer seiner Plantagenvilla an der Küste aufbewahrte. Indem wir uns gegenseitig anstachelten, phantasievolle Erklärungen zu finden, und uns daran gemahnten, daß wir bestimmt nicht alles gesehen hatten, was es an religiöser und künstlerischer Kreativität der Maroons zu sehen gab, konnten wir am Ende praktisch jeden Gegenstand erklären. Doch wenn wir sie alle zusammen betrachteten, begannen wieder Zweifel an uns zu nagen.

Unser beinahe zwanghaftes Hypothesenspiel ging weiter, schlug nur jedesmal neue Pfade ein. Was wäre, wenn die Sammlung ein Sammelsurium von kunsthandwerklichen Objekten darstellte, die einfach umfassend »restauriert« worden waren – entweder von Monsieur Lafontaine oder von einem früheren Besitzer? Oder war es möglich, wenn wir sie durch eine ganz andere Brille betrachteten, sie als Fälschungen anzusehen, die praktisch aus dem Stand von einem europäischen Lehrer geschaffen worden waren, der sich Schnitztechniken angeeignet hatte, zu deren meisterhafter Beherrschung Maroonmänner ein ganzes Leben brauchten? Was sollten wir von den ungewöhnlichen Knocheneinlegearbeiten halten? Wie sollten wir die erstaunliche Schönheit des Kanubugs erklären, wenn er eine Fälschung war?

Waren die Ähnlichkeiten, die wir mit Stücken aus Museen und Abbildungen in Büchern feststellen konnten, ein Argument für die Echtheit dieser Sammlung? Oder legten sie eher den Schluß nahe, daß die zur Begutachtung eingelagerten Artefakte nach diesen Stücken kopiert worden waren?

Schon der Gedanke an die Möglichkeit, daß ein Außenstehender »Saramaka«-Artefakte von dieser Qualität hergestellt haben konnte, war beunruhigend. Denn würde dies nicht die Leistungen der echten Saramakakünstler herabsetzen? Und was das rein strategische Vorgehen betraf, wußten wir, daß es für unseren Ruf als Wissenschaftler sicherer war, zunächst kein negatives Urteil abzugeben, bevor wir nicht unwiderlegbare Beweise hatten. Darüber hinaus war uns kein ernst zu nehmender Markt für Maroonholzschnitzereien bekannt, die es überdies immer noch an Ort und Stelle zu kaufen gab – wozu also sollte sich jemand die Mühe machen, so sorgfältige Fälschungen herzustellen?

Wir konnten uns einfach nicht dazu bringen zu glauben, daß die Sammlung »gefälscht« war. Aber wir konnten uns auch noch nicht zu der Entscheidung durchringen, daß sie »authentisch« war.

Erschöpft von diesem geistigen Ping-Pong-Spiel, fielen wir ins Bett, noch bevor wir unsere Notizen in den Computer eingege-

ben hatten. Am nächsten Morgen, beschlossen wir, würden wir uns die Sammlung noch einmal ansehen und vielleicht mit Hilfe eines dritten Experten etwas weiterkommen.

Awali wohnte in einem der Außenbezirke von Cayenne und hatte ein regelmäßiges, wenn auch bescheidenes Einkommen als professioneller Holzschnitzer. Jetzt, da er Mitte Vierzig war, hatte er eine kleine Belegschaft von Söhnen, Schwiegersöhnen und Neffen um sich versammelt, die alle mit ihren Frauen und Kindern in einem Lager abseits der Straße lebten. Im Laufe der Jahre hatten sie ein halbes Dutzend Bretterhäuser gebaut, die sich auf Stelzen über der nackten roten Erde erhoben. Es gab ein Standrohr für Wasser im Schatten eines Cashewbaumes und ein paar Kochstellen im Freien, die schwarzgefleckt vom Holzfeuer waren. Die offenen Veranden waren vollgestellt mit Holzkisten, Waschschüsseln aus Plastik, Schnitzwerkzeugen, Metalltruhen und Säcken mit Reis.

Vor dem Lager befand sich ein offener, strohgedeckter Schuppen unter einem hohen Tamarindenbaum. Eine Auswahl der von den Männern angefertigten Schnitzereien war auf dem Boden oder auf Brettern ausgestellt – Klapphöckerchen, kleine Eulen und Gürteltiere, Ariane-Raketen, die von einer geschnitzten

Landkarte Französisch-Guayanas aufstiegen, und dreibeinige Tische mit kreisförmigen Einkerbungen für Cocktailgläser. Awali versuchte, darauf zu achten, daß wenigstens ein Holzschnitzer immer im Schuppen bei der Arbeit war, damit potentielle Käufer jemanden vorfanden, wenn sie mit ihren Wagen anhielten – angelockt von dem Schild, das einer von Awalis Neffen gemalt hatte: »AWALI – SARAMAKA HOLZSCHNITZEREIEN«.

Städter aus der Mittelschicht kannten seine Werkstatt mittlerweile und kamen manchmal von sich aus mit neuen Ideen und Aufträgen vorbei. In den letzten Wochen hatte er hart an der wellenförmigen Durchbruchschnitzerei für die Wände einer Wiege gearbeitet, die ein kreolisches Paar aus der Vorstadt für sein erstes Kind geordert hatte. Auch die Besitzer von Andenkenläden kamen öfter vorbei und bestellten kleinere Gegenstände en gros. Und selbst in einem weniger guten Jahr wie diesem hielten immer wieder Touristen an, meistens in Mietautos auf dem Weg zurück zum Flughafen.

Das Grundstück selbst gehörte einem indischen Geschäftsmann, dessen eigenes Haus, ein modernes, zweistöckiges Gebäude mit Fliesenböden und Fenstergittern, weiter von der Straße entfernt an einem Hügel lag. Mit ihm bestand eine Vereinbarung, von der beide Seiten profitierten, die jedoch wenig mit Freund-

schaft oder Völkerverständigung zu tun hatte. Der Eigentümer konnte sich darauf verlassen, daß die Saramaka auf sein Anwesen achtgaben, und konnte Frau und Kinder beruhigter allein zu Hause lassen, wenn er aus geschäftlichen oder persönlichen Gründen erst spätabends zurückkehrte. Außerdem erhielt er ab und zu Früchte von den Bäumen, die sie in ihrem Lager kultivierten, und hin und wieder Hilfe bei irgendwelchen Arbeiten, wie Zementsäcke auf einen Laster laden oder Bretter für Reparaturen im Haus zurechtsägen. Die Saramaka bauten ihre eigenen Häuser, verbrauchten keinen Strom, hielten das Grundstück sauber und achteten darauf, nicht im Weg zu sein oder zuviel Lärm zu machen. Diese einigermaßen erfolgreiche Partnerschaft bestand nun seit etwa zwölf Jahren.

Von Awalis drei Frauen war es Selina, die die meiste Zeit in Französisch-Guayana verbrachte. Wenn man sie sah, würde man nicht auf den Gedanken kommen, daß man sich irgendwo anders befand als in einem Saramakadorf weit am Oberlauf des Surinamflusses. Zu beiden Seiten ihres Mundes und unter den Augen trug sie wulstige Schmucknarben, die in jungen Jahren mit einer Rasierklinge geschnitten worden waren und regelmäßig durch neue Schnitte aufgefrischt wurden, damit sie deutlich hervorstanden. Sie trug eine doppelte Schicht von Wickelröcken, die mit

einem Tuch zusammengehalten wurden, und mit Rücksicht auf die Sitten ihres zeitweiligen Zuhauses über dem Oberkörper eine abgeschnittene Bluse. Das Kochen und die Kinder hielten sie die meiste Zeit auf Trab, aber sie fand noch Zeit zum Nähen, Kürbisflaschenschnitzen und für ein Schwätzchen mit den anderen im Lager.
 Selina hatte sich schon immer – mit der gebührenden Ehrerbietung der Ehefrau – für das Geschäft ihres Mannes interessiert, aber erst seit dem vergangenen Jahr hatte Awali ihr erlaubt mitzuarbeiten. Er hatte ihr gezeigt, wie man die Holzobjekte mit Sandpapier glattschmirgelt, und gab ihr nun auch Klapphocker, an denen sie in ihrer freien Zeit arbeiten konnte. Hin und wieder nahm Awali sie in die Stadt mit, damit sie einkaufen oder ein Kind zum Arzt bringen konnte. Dann zog sie Plastiksandalen über und bedeckte ihre Wickelröcke mit einem Baumwollkleid.
 Awali verließ das Lager häufiger. Es gab immer etwas in der Stadt zu besorgen, meistens in den Gemischtwarenhandlungen, die man wegen des Gesichtes hinter der Kasse *chinois* nannte. Es gab Behördengänge und Papierkram zu erledigen, Steuerformulare auszufüllen, Arbeitserlaubnisse und Aufenthaltsgenehmigungen zu beantragen – alles wurde mit Hilfe eines Sohnes in die Wege geleitet, der die Schule besucht hatte, aber erst Awalis

eigene, sorgfältig geübte Unterschrift verlieh dem Ganzen offizielle Gültigkeit. Außerdem mußten von Zeit zu Zeit mehrtägige Expeditionen in die Wälder unternommen werden, um Holz für die Schnitzereien zu schlagen. Dieser Teil der Arbeit gestaltete sich immer schwieriger, da das bewaldete Innere Französisch-Guayanas nach und nach für Entwicklungsprojekte abgesteckt wurde, aber die Ausflüge boten darüber hinaus auch Gelegenheit zur Jagd, und die Männer kehrten selten ohne einen Brüllaffen, einige Papageien oder eine andere Köstlichkeit für den Kochtopf zurück. Hin und wieder fand auch eine Totenwache für einen Saramaka statt, der in Französisch-Guayana gestorben war. Dann zogen die Männer und manchmal auch die Frauen ihre besten Kleider an, rieben sich mit Ölen, Lotionen und Parfüms ein und machten sich auf den Weg zum ungepflasterten Hinterhof eines Hauses in der Stadt, wo sie die ganze Nacht aßen, tranken, Geschichten erzählten und beieinandersaßen.

Andere Saramaka brachten recht häufig Neuigkeiten aus dem Inneren von Suriname mit, und manchmal gaben diese Awali den Anlaß für einen Besuch in der Heimat. Ein Verwandter war beispielsweise gestorben, oder seine zweite Frau bat ihn, Wald für einen neuen Garten zu roden, oder der Besitz-Gott seiner Tante verlangte nach einem umfassenden Versöhnungsritual. Erst vor

kurzem hatte das Mädchen im Teenageralter, das er bei seinem letzten Besuch zur Frau genommen hatte, einen Sohn geboren, und er hatte zu Hause sein müssen, um die zeremonielle Einführung des Babys in die Dorfgemeinschaft zu überwachen und den Göttern und Ritenkundigen, die ihr während der Schwangerschaft beigestanden hatten, Geschenke anzubieten.

Gleich an unserem ersten Tag in Französisch-Guayana hatten wir das Lager besucht und uns nach den neuesten Geschehnissen erkundigt. Wir hatten Awali ein zusätzliches Exemplar unseres Kunstbuches, um das er gebeten hatte, mitgebracht und für Selina eine leuchtend orangefarbene Bluse, die Sally gekürzt hatte, damit sie zu einem Saramakarock getragen werden konnte. Daher bestand kein Grund mehr für größere Begrüßungsformalitäten, als wir am Morgen nach unserem Tag im Museumsdepot vorbeikamen.

Selina hatte Kopfschmerzen und lag vor ihrem Haus in einer Hängematte, einen Lappen um ihre Stirn gewickelt. Im Hof wurden die Kleinsten von anderen Kindern beaufsichtigt, die kaum älter waren. Im Haus sprach Awali gerade mit einem Neffen und half ihm bei der Planung einer Motorradreparatur. Nach der all-

gemeinen Begrüßung fragten wir ihn, ob er mit uns kommen könne, um sich ein paar Schnitzereien anzusehen, die wir nicht recht einordnen könnten, und uns seine Meinung über sie zu sagen. Er entschuldigte sich bei seinem Neffen, fuhr sich mit einem Kamm durchs Haar, knöpfte sein sauberes Hemd zu und beauftragte seinen achtjährigen Sohn, auf Haus und Hof aufzupassen, während er fort war. Wir hatten uns schon im Vorjahr einige Schnitzarbeiten zusammen angesehen, und er hatte dies vom beruflichen Standpunkt her sehr interessant gefunden.

Im Museumsanbau öffnete sich die Tür erneut bei der kleinsten Umdrehung des Schlüssels. Vielleicht hatte die Direktorin ja ihre Bemühungen aufgegeben, dem Lagerassistenten den angemessenen Respekt vor dem Kulturerbe in seiner Obhut beizubringen. Als wir uns dann in dem klimatisierten Bereich befanden, wanderten Awalis Augen langsam von einem Gegenstand zum nächsten; schweigend registrierte er den Inhalt des Raums und bemerkte dabei vielleicht (wie wir hofften) Auffälligkeiten, die wir am Tag zuvor übersehen hatten. Er machte deutlich, daß es an uns lag, mit der Diskussion zu beginnen.

Wir begannen, ziellos Bemerkungen über bestimmte Stücke zu machen: »Sieh dir diesen Kanubug an. Hast du jemals mit solchen Schnitzereien verzierte Bordränder gesehen?« (115) »Ich frage

mich, wie dieses dünne Tablett so viele Jahre überdauert hat, ohne zu zerbrechen!«»Warum hat wohl jemand den Stiel dieses Kassawarechens an der geraden Seite angebracht?«
Es dauerte eine Weile, ehe unsere Bemerkungen eine Reaktion hervorlockten. Awali nahm langsam den Hocker mit der runden Sitzfläche zur Hand und starrte seinen Sockel an:»Komisch.«
»Was ist komisch?« fragte Richard.
»Ach nichts. Ich wundere mich nur.«
»Was wundert dich?«
»Na ja, die Holznägel. Ich erinnere mich, wie der Bruder meiner Mutter mir erzählte, daß sein Vater Hocker mit Holzstiften gemacht hatte.«
»Dann muß der Hocker also ziemlich alt sein.«
Awali gab keine Antwort darauf.
»Stimmt's?« fragte Richard.
»Na ja, wer weiß, aber es ergibt keinen Sinn.«
»Was ergibt keinen Sinn?«
»Ich weiß nicht. Wenn dieser Hocker vor so langer Zeit gemacht wurde, sollte man meinen, daß er an irgendeiner Stelle mal kaputtgegangen wäre.«
»Aber dann hat ihn vielleicht jemand repariert«, schlug Sally als Erklärung vor.

»Schon ...«

»Aber?«

»Es ist nur, daß ich noch nie davon gehört habe, daß etwas mit Holzstiften *repariert* wurde. Ich weiß, daß sie früher Sachen mit Holzstiften *gemacht* haben. Aber wenn man ein solches Stück repariert, gibt es keinen Grund, keinen normalen Nagel zu verwenden. Ich sage nicht, daß nicht jemand einen neuen Holznagel hineingeklopft haben könnte. Ich habe nur noch nie davon gehört.«

Awalis Bemerkungen waren wie immer vorsichtig und sehr sorgfältig formuliert. An einer Stelle brachte er scheinbar zusammenhangslos ein Sprichwort an. »Man sagt: Wenn du etwas nicht mit eigenen Augen gesehen hast, solltest du nicht darüber sprechen.« Wir waren nicht sicher, was er uns damit sagen wollte.

Dann nahm er eines der Paddel. »Ich hatte einmal große Schwierigkeiten, kupferne Ziernägel aufzutreiben. In einem Jahr konnte man nur *verkupferte* Nägel bekommen. Nach einer Weile nutzte sich die Oberfläche ab, und sie rosteten. Vielleicht ist das auch dem Mann passiert, der dieses Paddel geschnitzt hat.« Er hielt es einige Sekunden lang bewegungslos in der Hand, bevor er zu einem anderen Objekt weiterging.

»Ich glaube, ich habe von geschnitzten Bordrändern aus Dör-

fern am Unteren Fluß gehört«, sagte er nachdenklich. »Aber dieses Kanu sieht nicht so aus, als wäre es oft benutzt worden. Seht euch die Stelle an, auf die man normalerweise beim Einsteigen tritt.« Die schöne Planke, auf die er zeigte, sah relativ unabgenutzt aus. Wir erwähnten, daß uns noch nie so große Kaurimuscheln wie die auf dem rechteckigen Hocker untergekommen waren, aber er glaubte, solche schon gesehen zu haben. Als Richard den Phallus in die Höhe hielt, kicherte Awali. »Na und? Warum sollte nicht jemand auf diese Idee gekommen sein? Man würde damit genauso auf einer Beerdigung tanzen wie mit einem Stock. Er ist ja wirklich ziemlich groß!« Er blickte leicht verlegen zur Seite.

Im Verlauf des Morgens gab es viele schweigsame Minuten. Awali schien nachdenklich. Als wir ihn fragten, ob ein Franzose diese Gegenstände geschnitzt haben könnte, lachte er zum ersten Mal, seit wir das Gebäude betreten hatten, laut auf. »Niemand, der kein Saramaka ist, kann wie ein Saramaka schnitzen!« sagte er stolz.

»Aber kannst *du* nicht Sachen im Ndjukastil schnitzen?« fragte Sally, einer gewissen relativistischen Logik folgend.

»Und ob! Ich kann in jedem Stil schnitzen, den du mir zeigst!« entgegnete er mit derselben Überzeugung.

»Das Problem«, sagte Richard ruhig, »liegt darin, daß die Direktorin des neuen Museums eine Entscheidung treffen muß. Soll sie diese Sachen kaufen? Ich meine, was würdest du an ihrer Stelle tun?«

Awali starrte eine Minute lang schweigend vor sich hin, bevor er antwortete. »Ihr habt oft in den Wäldern gejagt«, sagte er. »Also solltet ihr das verstehen. Wie das Sprichwort sagt: Wenn du ein Wild schießt und es verdorben riecht, dann steck es nicht in deinen Beutesack.« Wir faßten dies als die eindeutigste Aussage auf, die von ihm zu bekommen war, waren uns aber nicht sicher, ob er damit nur auf unsere eigenen, geäußerten Bedenken reagierte oder selbst Zweifel anmeldete.

Während einer der Gesprächspausen fiel Sally ein, daß sie den Schnappschuß von Lafontaine mitgebracht hatte, und zog ihn aus ihrer Tasche. »Das ist der Mann, der diese Dinge verkauft. Er lebt hier in Cayenne. Bist du ihm schon einmal begegnet?«

Awali runzelte die Stirn. Er betrachtete das Foto genau und drehte es auf seiner flachen Hand hin und her. Die Jahre in Suriname hatten uns gelehrt, daß es eine Zeitlang dauern konnte, ehe er die Umrisse und Farben des Fotos mit einer erkennbaren Person verband. Aber selbst nach einer Weile gab es kein Zeichen des Erkennens.

»Wie heißt er?«

»Monsieur Lafontaine. Kennst du den Mann?«

Awali schüttelte den Kopf, er habe ihn noch nie gesehen.

Wir kehrten wieder zu unserer Untersuchung der Objekte zurück. Er hob erst eines, dann ein anderes der Musikinstrumente in die Höhe und drehte jedes in seinen Händen. Wir sprachen über rituelle, esoterische Bräuche mit Bezug auf den Schaber, die besondere Verwendung von Knochenstücken und über andere Dinge, die uns einfielen, erfuhren aber nicht viel von ihm. Alle drei stimmten wir jedenfalls darin überein, daß die Instrumente kreolischer Herkunft sein mußten, wobei bei einigen offenbar nachträglich Saramakakunstelemente hinzugefügt worden waren, wie im Falle der geschnitzten Stimmwirbel.

Rich sprach das Thema Kosten an. »Dieser Händler verlangt viel Geld für seine Sammlung. Wenn das Museum sie kauft, wird er Hunderttausende von Francs erhalten. Und die Rede ist von *neuen* Francs! Die Stücke sind schön, aber die Museumsleute müssen sicher sein, daß sie wirklich das sind, wofür er sie ausgibt, bevor sie derart viel Geld auf den Tisch legen.«

Awali ging nicht sofort darauf ein, aber gegen Ende unserer Zusammenkunft bedachte er uns mit einer Allegorie in Form einer scherzhaften Frage: »Wenn du als Besucher in ein Dorf kommst

und ›Haltet den Dieb‹ brüllst, was glaubst du, wen sie mit Prügeln davonjagen werden?« Wir wußten nicht, ob der Außenseiter, der geschlagen wurde, er selbst, wir oder vielleicht auch wir alle drei sein sollten. Jedenfalls konnte man das Sprichwort als Warnung vor den Gefahren von Anschuldigungen auffassen. Es ging wohl nicht darum, ob die Anschuldigung begründet war oder nicht.

Wir gingen immer wieder in dem Raum herum. Manches, was Awali zu den Gegenständen bemerkte, bestärkte unsere Zweifel. Andere Teile der Unterhaltung und seine klare Wertschätzung der kunstfertigen Ausführung der meisten Arbeiten ließen uns wiederum eher zu der Überzeugung neigen, daß die Merkmale, die wir als Anomalien verzeichnet hatten, lediglich das Ergebnis individueller Kreativität waren, ein Beleg für unsere oft in Veröffentlichungen vertretene These von der zentralen Rolle der Innovation in der Kunst der Maroons.

Als wir das Depot schließlich abschlossen, wobei wir darauf achteten, daß auch der Riegel eingerastet war, wußten wir immer noch nicht genau, was in Awalis Kopf vorging. Als wir ins Auto stiegen, spürte er, daß wir frustriert waren. »Hört mal«, sagte er. »*Ihr* wißt viel über Saramakakunst. *Ich* weiß viel über Saramakakunst. Und der Mann, der diese Stücke verkaufen will, muß schließlich einiges über sie zu sagen haben. Sobald ihr also die

Gelegenheit hattet, mit ihm zu sprechen, und euch eine Meinung über ihn gebildet habt, kommt wieder zu mir, und wir reden noch mal über alles.«

Nachdem wir Awali abgesetzt und uns für seine Hilfe bedankt hatten, wechselten wir von der Saramakasprache ins Englische und setzten unsere immer besessener werdenden Überlegungen bei einem chinesischen Mittagessen fort. Wir versuchten, die Gründe für unsere Skepsis gegenüber der Sammlung als Ganzem genauer zu erfassen. Die ausgiebige Verwendung von Knochenteilen, die uns so noch nie begegnet war, bereitete uns Kopfzerbrechen, aber fast alle Einlegearbeiten befanden sich an den kreolischen Musikinstrumenten und nicht an von Maroons hergestellten Objekten. Die dunkle Altersfärbung, die beinahe jeder aus Holz gemachte Gegenstand aufwies, hatten wir auch schon gelegentlich bei Stücken in Museen gesehen, aber sie war ungewöhnlich.

Und dann war da noch die Frage der Ziernägel. Viele Objekte enthielten sie in mehreren, oft drei verschiedenen Größen, manchmal sogar säuberlich nach Größe in einer Reihe angeordnet – eine Verwendung, von der wir glaubten, sie noch nirgends gesehen zu haben. Viele der Ziernägel in Lafontaines Sammlung

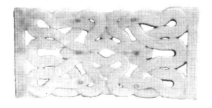

waren verrostet. Auch das war etwas, was wir unserer Erinnerung nach noch nie an alten Stücken bemerkt hatten. Maroons ziehen Ziernägel aus Kupfer oder Messing vor, die bei normalem Gebrauch und normaler Pflege über die Jahre hinweg glänzend bleiben. Als wir mit einem Schlüssel an unauffälligen Stellen Ziernägel an mehreren Stücken im Anbau angekratzt hatten, hatten wir gesehen, daß die Farbe des Metalls unter dem Rost grau war.

Einige der Objekte waren absolut umwerfend. Wenn wir nach unseren Gefühlen gingen, glaubten wir genausowenig wie Awali, daß ein französischer Oberschullehrer sie angefertigt haben konnte. Aber dann erwähnte Rich das »Orquesta de la Luz«. Wer hätte je gedacht, daß japanische Musiker, die kein Wort Spanisch sprachen, einen Salsa hervorbringen konnten, der die ganze Karibik und El Barrio in Entzücken versetzen würde?

Sally bemerkte halb im Scherz, daß die Stücke genau die Art von Gegenständen seien, die sie erwarten würde, wenn ein Franzose sich daran machen würde, »Eingeborenenkunst« zu erfinden – eine Maske, einen Phallus, dazu ein wenig Schlangenikonographie und ausgiebig verwendete Naturmaterialien wie Pflanzenfasern, Knochenteile, Tierhaar und Pflanzenschoten –, alles mit einer dunklen Alterspatina überzogen und hier und da mit einem Riß und einer abgebrochenen Ecke versehen.

Es war klar, daß ein Gespräch mit Monsieur Lafontaine nur zur Erhellung der ganzen Angelegenheit beitragen konnte. Wenn er die Gegenstände wirklich selbst in seiner Werkstatt herstellte, mußte jede längere Unterhaltung ihn früher oder später verraten, dessen waren wir sicher. Unser Wissen über Epochen, Stile und Materialien war profund genug, um ihn über eine Bemerkung über die angebliche Herkunft oder den ethnographischen Kontext der Stücke stolpern lassen zu können. Wir konnten das Treffen im August kaum noch erwarten.

In der Zwischenzeit gingen wir dem nach, was wir für unsere Pflicht als Wissenschaftler hielten, und schickten Faxe und Briefe an bekannte Fachleute, um eventuell ein paar von den vermuteten ethnographischen Anomalien bestätigt zu bekommen. Als erstes war da der aus Baumwolle und Pflanzenschoten bestehende »Tanz-Fußschmuck«. Die Häkelarbeit daran war von derselben Art wie bei den Baumwollbändern, die sowohl Maroons als auch Indianer um die Waden tragen und so eng überziehen, daß die einzige Möglichkeit, sie nach einigen Monaten des Tragens wieder zu entfernen, darin besteht, sie mit einem Messer aufzuschneiden. Aber die Pflanzenschoten am unteren Rand des Stückes ähnelten eher denen, die Maroons und Indianer zum Tanz locker um ihre Fußfesseln binden und am selben Abend auch wieder ablegen.

Das Stück aus Lafontaines Sammlung hatte also etwas von beiden Gegenständen – war aber wie keines von ihnen. All das erregte den Verdacht, daß jemand ein Wadenband und einen Fesselschmuck aneinandergenäht hatte, um einen Gegenstand herzustellen, der »ethnographisch« aussah (und es in gewissem Sinne auch war), aber in Wirklichkeit weder bei den Maroons noch bei den Indianern bekannt war.

Sally illustrierte unsere Frage durch vier Skizzen, die wir an einen französischen Anthropologen faxten, der sich auf die im Inneren Französisch-Guayanas lebenden Indianer spezialisiert hatte, und an den Vorsitzenden der örtlichen Vereinigung indianischer Gemeinden. In unserem Begleitschreiben fragten wir danach, welche der vier abgebildeten Formen nach ethnographischer Erkenntnis möglich waren:

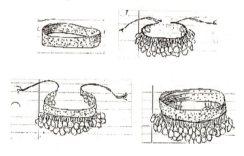

Außerdem schrieben wir an Jean Hurault, der zu dieser Zeit zu historischen Aluku-/Boniholzschnitzereien im Musée de l'Homme in Paris forschte, um ihn zu fragen, ob an irgendeinem der Stücke in dieser großen Kollektion Ziernägel aus Eisen – statt solche aus Messing oder Kupfer – vorkamen.

Und wir erfüllten unser Versprechen gegenüber der Museumsdirektorin. Ehe wir zum Ausgangspunkt der sommerlichen Sammelexpedition von Cayenne nach Saint-Laurent-du-Maroni aufbrachen, beschlossen wir, den Läden, von denen sie gesprochen hatte, einen Besuch abzustatten.

An einem Abend gingen wir, verkleidet als großstädtische amerikanische Sammler, in die »Galérie Peronnette« und sahen uns zwischen alten Landkarten und Drucken, Stapeln von Postkarten, hübsch gerahmten, präparierten Schmetterlingen und Riesentaranteln sowie Faksimileausgaben von Reiseberichten aus Französisch-Guayana aus dem neunzehnten Jahrhundert um. Wir bewunderten den schön gestalteten Raum im Kolonialstil mit seiner hohen Decke, den Innensäulen und dem polierten Holzfußboden.

Schließlich bemerkten wir eine Französin, die an einem antiken

Tisch im hinteren Teil des Raumes saß und Zahlen in ein Hauptbuch kritzelte. Sie gab nicht zu erkennen, daß sie unsere Anwesenheit bemerkt hatte, geschweige denn irgendwie interessiert daran war. Wir sagten guten Abend und stellten ihr Fragen zu ein paar von den Drucken, aber sie antwortete nur, daß wir dazu mit Monsieur Peronnette, dem Eigentümer, sprechen müßten, der erst gegen Ladenschluß vorbeikommen würde.

»Was wir eigentlich suchen«, wagte Sally sich vor, »sind Maroonschnitzereien. Nicht das Touristenzeug, sondern authentische, traditionelle Schnitzkunst.«

»Wir haben gehört«, fügte Rich hinzu, »daß Monsieur Peronnette manchmal hochwertige Stücke für ernsthaft interessierte Sammler bereithält.«

»Da müssen Sie mit ihm selbst sprechen. Ich habe wirklich keine Ahnung, ob er etwas hat oder nicht.«

Wir stöberten noch ein wenig länger zwischen den gerahmten Drucken. Schließlich kam Peronnette herein und sprach mit der Frau, die ihm etwas zuflüsterte und in unsere Richtung deutete. Er kam zu uns herüber, und wir stellten uns vor.

»Es tut mir leid, aber ich habe nichts, das Sie interessieren könnte. Ich bin gerade dabei, mein Lager zu räumen. Achtundzwanzig Jahre an diesem Ort sind wirklich genug. Niemand

scheint sich mehr für Bücher zu interessieren. Ich habe vor, nach Frankreich zurückzukehren, sobald ich meine Geschäfte hier abgewickelt habe.«
»Uns wurde gesagt«, warf Sally ein, »daß Sie ein gutes Auge für Maroonschnitzereien hätten, daher dachten wir ...«
»Meine Privatsammlung ist sehr bescheiden«, wehrte er ab. »Und ich handele nicht mit Kunstgegenständen. Das wenige, das ich besitze, stammt von einem Freund, dem einzigen ernst zu nehmenden Sammler in Französisch-Guayana. *Er* ist derjenige, der ein Auge für diese Dinge hat. Aber er ist im Urlaub in Frankreich, und außerdem hat er gerade seine ganze Sammlung an das neue Museum verkauft.«
Sein Tonfall sagte uns, daß das Gespräch damit beendet war. Wir verabschiedeten uns und gingen weiter die Straße hinunter bis zu »L'Alouette«, einem kleinen, klimatisierten Laden an einer Ecke. Eine junge Französin begrüßte uns freundlich von einem tadellos sauberen, gläsernen Verkaufstisch aus, der mit Gegenständen aus kostbaren Hölzern bestückt war. Wir bemerkten ein zartes Schmetterlingstatoo, das diskret aus dem Ausschnitt ihres geblümten Kleides herauslugte. Als wir unser Interesse an Maroonkunst erwähnten, schloß sie eine Glasvitrine auf, zog einen kleinen, geschnitzten Gegenstand heraus und zeigte uns ver-

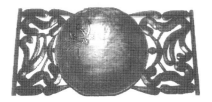

steckte Holztäfelchen an ihm, die sich zur Seite schieben ließen und zwei winzige Kammern freigaben. Wir sahen, daß viele der Miniaturkästchen und -plastiken aus hochglanzpoliertem Buchstabenholz sich durch einen Trickmechanismus öffnen ließen. Die Preisschilder rangierten zwischen neunzig und dreihundert Dollar.

»Monsieur Revel läßt sie von einem Saramakaschnitzer herstellen«, erklärte sie. »Er kann ihnen mehr darüber erzählen, wenn Sie etwas später wiederkommen. Er wird in einer Viertelstunde hier sein, um abzuschließen, und in der Zwischenzeit können Sie sich im Laden gegenüber ein paar antike Paddel ansehen, die Sie vielleicht interessieren.«

Wir gingen hinüber zu einem Juweliergeschäft namens »La Pépite d'Or«, wo Goldfiligranarbeiten mit Edelsteinen aus Brasilien in kleinen, überfüllten, mit schwarzem Samt ausgeschlagenen Vitrinen wetteiferten. Die elegant gekleidete, kreolische Verkäuferin sagte uns, daß ihr Chef seine Paddel bei sich zu Hause aufbewahre, sie jedoch vielleicht mitbringen würde, um sie uns zu zeigen, wenn er später zum Abschließen des Ladens käme. Sie telefonierte, um ihm Bescheid zu sagen.

Als wir einen Minitransporter mit der Aufschrift »L'Alouette« auf der anderen Straßenseite halten sahen, gingen wir wieder hin-

über und betraten den Laden direkt nach einem kleinen Franzosen, der mit einem großen Schlüsselbund in der Hand spielte. Die Verkäuferin machte ihn auf uns aufmerksam.

»Monsieur Revel, diese Herrschaften interessieren sich für Saramakakunst.« Wir erklärten, daß wir bei den Saramaka gelebt und einige Bücher über ihre Kunst und Kultur geschrieben hatten. »Sie müssen die Prices sein«, sagte er lächelnd. »Ich habe ihr Buch oft zum Verkauf ausliegen, doch im Moment ist es leider ausverkauft. Was für eine Glück, daß Sie mich aufsuchen! Ich habe so viele Fragen an Sie.«

Seit drei Jahren, erzählte er uns, beschäftige er drei junge Saramaka, die ganztags für ihn arbeiteten. Er habe sie in einer Werkstatt am Stadtrand untergebracht. Sie seien es, die den Großteil seiner Ware herstellten – Tischchen, Schmuckkästchen, Brieföffner und verschiedenen anderen Schnickschnack, alles aus tropischen Hölzern. »Diese Schmuckkästchen sind meine Haupteinnahmequelle«, berichtete er. »Mein Starschnitzer ist Tapi. Er hat wunderbare Kopien von einigen Kämmen gemacht, die ich in einem Büchlein mit dem Titel *Bush Negro Art* gefunden habe.«

Er griff hinter den Verkaufstisch und zog zwei hübsch geschnitzte Kämme hervor, beide nach einer Abbildung aus dem

Buch hergestellt. Ihr dunkles Holz wäre nie für den Kamm einer Saramakafrau verwendet worden, aber für Souvenirs in einem Andenkenladen waren sie wirklich schön gearbeitet.

»Aber meine eigentlichen Schätze, die würde ich nicht für allen Tee Chinas verkaufen ... Ich habe sie von einem guten Freund, der die Saramakaschnitzkunst in- und auswendig kennt, ich muß sie Ihnen unbedingt zeigen. Sophie, meine Liebe, würdest du bitte die Paddel herbringen?«

Sie waren erstaunlich. Alle drei wiesen die dunkle Altersfärbung auf, die wir mit Lafontaines Sammlung verbanden, und zwei waren mit angerosteten Ziernägeln bestückt. Eines (110) sah beinahe wie das Gegenstück zu einem der Paddel aus, die wir im Museumsdepot gesehen hatten. Wir äußerten die Komplimente, die Revel so offensichtlich erwartete, und er versicherte uns, daß sein Freund, Monsieur Lafontaine, sicher entzückt sein werde, wenn er höre, daß uns die Schnitzereien gefallen hätten. Wir wüßten doch wohl, fragte er, daß andere Stücke aus derselben Sammlung kürzlich von dem neuen Museum erworben worden seien?

Revel erklärte, daß er Tapi Kopien von den drei antiken Paddeln für den Verkauf im Laden anfertigen lasse – natürlich alle als Nachbildungen ausgewiesen, beeilte er sich hinzuzufügen. Er habe die letzten Kopien in der Woche zuvor verkauft, würde sie

aber normalerweise neben dem jeweiligen Original an der Wand hinter dem Verkaufstisch ausstellen. Die Nachbildungen, prahlte er, seien eigenständige Kunstwerke und gehörten zu den bestverkauften Gegenständen im Laden.

»Ich überlege immer wieder, ob ich die fehlenden Ziernägel ersetzen soll«, sagte er und zeigte auf eines der alten Paddel. »Was meinen Sie? Natürlich würde ich keine verwenden, die neu sind oder glänzen. Um den Gesamteindruck nicht zu verderben. Aber ich weiß wirklich nicht, was das Richtige ist. Wie aufregend, Ihnen zu begegnen. Ich habe tausend Fragen zu den Saramaka. Lassen Sie mich nur schnell abschließen, und dann würde ich Sie gerne – natürlich nur, wenn Sie Zeit haben – auf einen Drink in eine kleine, nette Bar hier in der Straße einladen.«

Revel erzählte uns auch, daß er Tapi oft bitte, eine alte Schnitzerei aus Suriname mitzubringen, wenn dieser zu seinem jährlichen Urlaub dorthin fuhr, und daß er nun zwei antike Kämme und ein Tablett zu Hause habe. Wir erinnerten uns daran, daß Awali uns einmal gesagt hatte, daß auch er manchmal Stücke von seinen Besuchen im Saramakaland mitbringe, um sie einem Franzosen zu verkaufen, der danach fragen würde.

Nachdem Revel die Rolläden von innen geschlossen hatte, verließen wir den Laden durch die deckenhohe Vordertür. »Mon-

sieur Price, wären Sie so nett, den oberen Riegel für mich vorzuschieben? Ich kann ihn immer nur so schwer erreichen.«

Wir sagten ihm, daß wir noch ein paar Paddel im Laden gegenüber ansehen müßten. »Wunderbar«, antwortete er, »dann können wir Georges gleich fragen, ob er mitkommen möchte.«

Die beiden Paddel mit ihrer inzwischen vertrauten Verfärbung ähnelten denen in »L'Alouette«. Zwischen ihren rostigen Nägeln fiel ein glänzender aus Messing ins Auge. Der Besitzer zeigte seine Kennerschaft und erklärte, daß dieser offenbar später hinzugefügt worden sei. Erneut bekamen wir eine *éloge* über Monsieur Lafontaines Auge für Maroonkunst zu hören. »Er ist der einzige in Französisch-Guayana, der mit wirklicher Kennerschaft sammelt. Es ist seine Leidenschaft, und er geht ihr schon seit Jahren nach.« Nachdem auch Georges seinen Laden abgeschlossen hatte, schlenderten wir alle vier den Bürgersteig zum »L'Étoile« hinunter.

Innen fanden wir uns in nachtklubähnlichem Schummerlicht wieder und wurden von einer eurasischen Hostess, die ein seitlich bis zum Oberschenkel hinauf geschlitztes Satinkleid trug, zu einem niedrigen Tisch geführt. »Das Übliche?« fragte sie. Georges nickte.

Wenige Minuten später stellte eine jüngere Frau in einem seidenen Minirock vier doppelte Scotch vor uns ab. Monsieur Revel

war schon in einen gleichmäßigen Redefluß über Saramakakunst eingestiegen, während sein Freund Georges zur Bar starrte. Als sich unsere Augen an das Dunkel gewöhnt hatten, nahmen wir die Einrichtung war. Im hinteren Teil stand eine Topfpalme neben einem flachen Wasserbecken mit Mosaikkacheln. »Ist das ein echter Alligator?« fragte Rich ungläubig. Sallys Aufmerksamkeit wurde inzwischen von einem riesigen Bild an einer seitlichen Wand gefangengenommen. Gemalt in Dunkelblau, silbrigem Hellblau und leuchtendem Weiß, stellte es eine nackte Frau dar, deren helle Haut im Mondlicht schimmerte, während sie von einer griesgrämig aussehenden, männlichen Gestalt auf einem hölzernen Karren ausgepeitscht wurde. Unser Gastgeber bestätigte den lebenden Alligator und kommentierte dann das Gemälde. Die Frau des Besitzers sei Malerin, sagte er, und nutze das Etablissement ihres Gatten, um ihre Arbeiten auszustellen. Als ob er über ein Stilleben spräche, informierte Revel uns nebenbei, daß das Bild Teil ihres Zyklusses »Weiße Sklaven« sei.

Georges stellte sich als etwas einsilbiger Begleiter heraus, aber er stimmte mit großem Nachdruck zu, als Revel sagte, wie enttäuscht ihr Freund darüber sein würde, daß er uns verpaßt hatte. »Er ist mit einem Teil seiner Sammlung für ein paar Wochen nach

Europa geflogen, um die Sachen einigen Museen zu zeigen«, erklärte Revel.

Wir entgegneten, daß wir bei seiner Rückkehr immer noch in Französisch-Guayana sein würden und daß die Museumsleiterin versprochen habe, uns miteinander bekannt zu machen, wenn wir von unserer Expedition den Fluß hinauf zurück seien. »Da wird er sich aber freuen!« rief Revel aus.

Am nächsten Tag, als wir einige Abzüge in Cayennes einzigem für Privatkunden arbeitenden Fotolabor abholten, fiel uns ein Stapel Postkarten ins Auge. Jede kostete acht Francs und zeigte eine Farbaufnahme von einer exotischen Blume, einem einheimischen, wildlebenden Tier oder einem anderen tropischen Motiv. Auf einer von ihnen war ein wunderschönes Saramakabrett zum Reiben von Erdnüssen mit dunkler Färbung und glänzenden Messingnägeln (91) zu sehen, das offenbar aus derselben Zeit stammte wie Lafontaines ältere Stücke und ausgezeichnet erhalten war. Auf der Karte stand keine nähere Bezeichnung, nur der Name des Fotografen und der Hinweis »Nachdruck verboten«.

Wir überlegten, ob diese Schnitzerei uns vielleicht helfen konnte, unser Rätsel zu lösen, und überredeten die Verkäuferin,

ihren Chef, einen Franzosen namens Durand, in seinem Studio in Kourou anzurufen und nach der Herkunft des Brettes zu fragen. Nach einer recht eindringlichen Befragung darüber – ausgeführt durch die Verkäuferin –, wer wir überhaupt waren und warum wir etwas über das Stück wissen wollten, sagte er ihr, daß er es von einem Saramaka namens Édouard habe, der in Kourou für ihn gearbeitet habe, und daß es »sehr heruntergekommen« gewesen sei, als er es erworben habe – und daß er weiter nichts dazu sagen wolle. Was bedeutete das? Warum war Durand so kurz angebunden? Deckte er vielleicht Lafontaine aus irgendeinem Grund?

Sally mußte noch ein paar Einkäufe machen, aber Rich beschloß herauszufinden, ob Édouard wirklich existierte, und machte sich auf den Weg nach Kourou, eine Fahrstunde auf der berüchtigten Küstenstraße, die während ihres Baus 17 000 Sträflinge das Leben gekostet haben soll, entfernt gelegen. In Kourou angekommen, fuhr Rich durch das neue Stadtgebiet und die tristen Wohnblocks für die einfachen Angestellten der Raketenabschußbasis entlang, vorbei an den ausgedehnten Lagern der Fremdenlegion, den Pizzaläden und Einkaufszentren und den Villen mit Meerblick der europäischen Ingenieure und Verwaltungsbeamten, ehe er in die ungepflasterte Straße zum Saramakadorf, »Village Saramaka«, einbog.

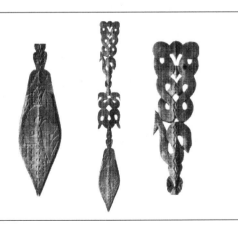

Ursprünglich Mitte der sechziger Jahre für die schwere Arbeit des Waldrodens für das zukünftige Raumfahrtzentrum nach Französisch-Guayana gelockt, waren viele Saramakaeinwanderer geblieben und hatten niedrigere Aufgaben als Hausmeister und Wartungsmonteure auf der Basis übernommen. Sie waren in winzigen Stelzenhäusern, die sie aus Bretterresten gebaut hatten, zusammengepfercht und lebten dort mit ihren aus Suriname herübergebrachten Frauen und Kindern. Im Gegensatz zu der peinlichen Sauberkeit ihrer Häuser im Regenwald führten die sumpfige Umgebung dieses Einwandererdorfes, die öffentlichen Wasserstandrohre und der Mangel an sanitären Anlagen dazu, daß Fliegen, Dreck und grünliche Pfützen die schmalen Gänge zwischen den wackligen Konstruktionen beherrschten.

Rich fand seinen alten Freund Masini auf einer verwitterten Treppenstufe sitzend vor, wo er sich gerade eine große Papaya mit einem Nachbarn teilte. Als er ihnen geholfen hatte, sie aufzuessen, fragte er, ob sie je von einem Mann namens Édouard gehört hätten, der für einen Fotografen arbeitete. »Das könnte Makoya Anuku sein«, vermutete Masinis Freund. »Ich bringe Sie zu ihm.«

Nachdem sie sich durch ein Labyrinth von Häusern gewunden, unter Wäscheleinen geduckt und ihren Weg zwischen Pfützen hindurch gesucht hatten, kamen sie am anderen Ende des

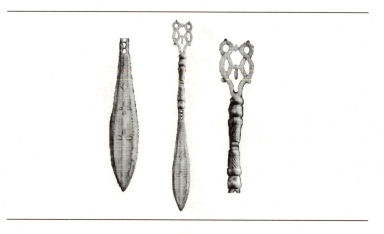

Dorfes an, wo Makoya sagte, daß er nicht Édouard sei, daß er aber jemanden kenne, der diesen Namen gegenüber Weißen benutze. Er brachte sie zu Dosini, einem Mann in den Dreißigern aus dem Saramakadorf Asaubasu, der einen kleinen Laden unter seinem Haus führte. Auf ein paar Regalbrettern befanden sich Seifenstücke, Flaschen mit Bratöl und Sardinenbüchsen. Ein rostiger Kühlschrank war mit Bier und grüner und roter Limonade gefüllt. Die roh gezimmerten Bretterwände waren mit Pin-up-Fotos aus deutschen Zeitschriften und Plänen der Ariane-Abschußrampe tapeziert. Dosinis Bruder arbeitete nachts auf der Basis und säuberte die Büros der Raketeningenieure.

Dosini war zunächst mißtrauisch, taute aber sofort auf, als er erkannte, daß dieser Weiße der Amerikaner war, der als Kind etwas weiter flußaufwärts vom Dorf seiner Mutter gelebt hatte. Als er das Foto von dem Erdnußreibebrett erblickte, erzählte er, daß er seit Jahren immer mal wieder in Durands Fotolabor arbeite. Einmal, kurz bevor er zu einem einmonatigen Heimaturlaub ins Saramakagebiet aufbrechen wollte, habe Durand ihn gebeten, »irgendeine alte Holzschnitzerei« mitzubringen. Das müsse vor ungefähr fünf Jahren gewesen sein, schätzte er, direkt vor dem Ausbruch des Bürgerkrieges dort drüben. Als er das Erdnußbrett von seiner Großmutter im Dorf Semoisi erhalten habe,

habe man die Nagellöcher zwar noch sehen können, aber die Köpfe der meisten Ziernägel seien abgebrochen gewesen. Durand habe ihm fünfhundert Francs geboten, die er angenommen habe, und seitdem habe er nicht mehr daran gedacht.

Rich beschloß, Durand einen Besuch abzustatten, und fand ihn schließlich in seinem modernen Fotolabor gegenüber der örtlichen Zweigstelle der Banque National de Paris. Durand verhielt sich nicht unfreundlich und bat sogar um ein Autogramm für seine Ausgabe von *Afro-American Arts*. Er sagte, er habe nichts dagegen einzuwenden, daß Rich Édouard aufgesucht hatte, und bestätigte dessen Geschichte sowie den Preis. »Sie haben wahrscheinlich bemerkt, daß ich einige der Nägel ersetzt habe«, sagte er auf das Foto zeigend. »Ich hoffe, ich habe nichts Unerlaubtes getan!« Er erklärte, er habe die Schnitzerei einem französischen Freund in Cayenne geschenkt, aber wenn wir wollten, könne er es arrangieren, daß wir sie besichtigten. Rich antwortete, daß dies nicht nötig sei.

Was sollten wir nun von all dem halten? Wir waren auf eine Schnitzerei gestoßen, die den Stücken aus Lafontaines Sammlung sehr ähnelte und die die verdächtige dunkle Färbung und die ebenfalls verdächtigen Ziernägel aufwies. Aber es hatte sich herausgestellt, daß sie nichts mit Lafontaine zu tun hatte und ihre

Geschichte ganz alltäglich war. Nicht nur das, wir begannen auch ein Schema zu erkennen, dem zufolge wohlhabende Franzosen ihre Saramakaangestellten baten, die eine oder andere alte Schnitzerei von ihren Heimaturlauben mitzubringen, die sie dann mehr oder weniger originalgetreu restaurierten. Es mußte also eine ganze Anzahl von »authentischen« (manchmal restaurierten oder reparierten) antiken Saramakaschnitzereien in den Wohnzimmern einer bestimmten Klasse von Leuten in Cayenne geben. Vielleicht lagen wir mit unserem Mißtrauen gegenüber Lafontaines Stücken genauso falsch wie bei Durand.

Unsere letzte offizielle Handlung vor dem Aufbruch zu unserer Expedition war, ein dreiseitiges, warnendes Fax an die immer noch im Urlaub in Paris weilende Direktorin zu senden, in dem wir über die Einzelheiten unserer Nachforschungen sowie über unsere vorläufigen Schlußfolgerungen berichteten. Um den Ankauf zu verzögern, was nach unserer Auffassung zu diesem Zeitpunkt die einzige kluge Handlungsweise war, gestatteten wir uns den Luxus eines kleinen Bluffs (oder Wunschdenkens?). »Wir sind uns nun zu achtzig Prozent sicher«, schrieben wir, »daß wir innerhalb der nächsten zwei Monate die notwendigen Beweise

vorlegen können, um eine unparteiische Kommission davon zu überzeugen, daß die Mehrzahl der Objekte vom Sammler selbst hergestellt wurde. Auf jeden Fall wird unser Treffen mit Monsieur Lafontaine im kommenden Monat eine zentrale Rolle bei unseren Nachforschungen spielen.«

Die flußaufwärts stattfindende Sammelexpedition im Ndjuka- und Paramakagebiet verlief ohne Zwischenfälle. Wir waren so ausreichend damit beschäftigt, Hunderte von Holzschnitzereien, Textilien und Kalebassengefäßen für das Museum zu erwerben und dokumentierende Aufzeichnungen zu den Objekten zu machen, daß uns wenig Zeit blieb, an Lafontaine oder seine Sammlung zu denken. Doch in Saint-Laurent-du-Maroni, der heruntergekommenen Grenzstadt, in der wir unsere Expeditionen flußaufwärts ins Landesinnere begannen und beendeten, herrschte eine Atmosphäre, die Gedanken an Intrigen und Verschwörungen Vorschub leistete.

Französisch-Guayanas größter Schriftsteller hatte die Stadt einmal als »wahres Sodom« bezeichnet. Und ein Journalist beschrieb sie im Jahr 1988 als »vier oder fünf rattenverseuchte Straßen mit verrottenden Holzhäusern im alten Kolonialstil«. »Der ganze Ort stinkt nach Verfall«, schrieb er. »Alte Kreolinnen spähen durch die Fenster ihrer zerbröckelnden Gebäude jedem

Fremden nach, der durch die Straßen geht. Die offenen Gullis sind verstopft mit Dreck und ertrunkenen Ratten. Streunende Hunde tappen mit den Pfoten hungrig nach den Nagerkadavern.«

Man kann praktisch immer damit rechnen, in Saint-Laurent seltsamen Gestalten zu begegnen. Zum Schutz der Ariane-Raketenbasis, zur Überwachung der Waffenlieferungen an die Dschungelkommandos, die jenseits des Flusses gegen die surinamische Armee kämpfen, und vielleicht auch zur Abwehr des wachsenden Zustroms von Drogen scheinen sich ständig irgendwelche kleinen Agenten – und natürlich die Dealer und Gauner, denen sie auf der Spur sind – in der Stadt herumzutreiben. Als wir von der Expedition zurückkamen, trafen wir mehrmals mit einem kultiviert wirkenden Schweizer zusammen, einem gutaussehenden blonden Mann, der auf dem Hotelpiano Schubert und Chopin spielte und versuchte, Informationen über die Maroons aus uns herauszubekommen – zu welchem Zweck konnten wir nur vermuten.

Eines Abends, als wir gerade ein dominikanisches Restaurant verließen, das von der früheren Besitzerin des größten Bordells der Stadt geführt wurde, starrte uns ein weißhaariger Kerl mit einem Walroßschnurrbart so lange unverwandt an, daß Rich sich veranlaßt fühlte, seine Hand auszustrecken und ihn auf französisch zu fragen: »Kennen wir uns?«

»Kenne ich Sie nicht vom Zentralgefängnis in Cayenne?« antwortete der Mann. »Ich war dort Wärter.«
Rich ging auf das Spiel ein. »Stimmt. Ich habe dort zwanzig Jahre abgesessen, weil ich einen Mann umgebracht habe.« Die anderen Gäste in dem kleinen Restaurant sahen auf, während Rich die Hand zum Abschied hob und sich zur Tür wandte. Daraufhin fragte der Mann Sally, diesmal auf niederländisch, ob Rich nicht als Gefängnispsychiater in Cayenne gearbeitet habe. Völlig verblüfft konnte sie nur antworten, daß er ihr jedenfalls nie etwas davon erzählt hatte.

Draußen auf dem Gehweg begann unser Essensgast, eine Krankenschwester in der psychiatrischen Abteilung des örtlichen Krankenhauses, eifrig Vermutungen über diesen Zwischenfall anzustellen. Der Mann müsse eine Art Agent auf der Suche nach Informationen sein, versicherte sie uns – und er wußte wahrscheinlich sehr genau, wer wir waren. Saint-Laurent, erklärte sie mit wissender Stimme, wimmele nur so von Betrügern und Spionen.

Bei einem Verdauungsdrink besprachen wir einige unserer Zweifel bezüglich Lafontaines Sammlung mit der Krankenschwester, einer Korsin mit festen Überzeugungen. »Wenn Sie einen Verdacht haben, können Sie davon ausgehen, daß bestimmt etwas dran ist. Und wenn er ein Kunstfälscher ist, garantiere ich Ihnen,

daß er auch schwul ist.« Sie teilte offenbar nicht unsere Bedenken, über die Persönlichkeit eines Mannes Spekulationen anzustellen, dem wir noch nicht einmal begegnet waren.

»Ich wette, er hat ein Identitätsproblem«, fuhr sie fort. »›Bin ich ein richtiger Mann? Oder etwa eine falsche Frau? Irgendeine seltsame Mischung aus beidem?‹ Diese Art von Schwulsein hat einiges mit Fälschertum gemeinsam – man versucht, die Leute davon zu überzeugen, etwas anderes zu sein, als man ist.« Rich verdrehte die Augen, aber sie ließ sich nicht aufhalten. »Glauben Sie mir, ich bin dieser Kombination in Italien schon mehrfach von nahem begegnet.« Sie kicherte verschwörerisch. »Wissen Sie, ich hätte nichts dagegen, diesen Typen einmal kennenzulernen.«

Am nächsten Morgen trafen wir zufällig mit unseren alten Freunden Charles und Monique Valmont zusammen, die beide am Krankenhaus von Saint-Laurent arbeiteten, und fragten sie, ob sie je einem Mann namens Lafontaine begegnet seien. Ja, sagten sie. Vor einigen Jahren hätten sich ihre Wege gekreuzt, als sie versucht hätten, einen Partner für ihren zahmen Ozelot zu finden. In jenen Tagen habe Lafontaine mit exotischen Tieren gehandelt und einen kleinen Zoo unterhalten, sagten sie, aber was sie erstaunt und ihnen ein ungutes Gefühl gegeben habe, sei die Tatsache gewesen, daß Lafontaine Tiere eindeutig nicht mochte.

Lafontaines Sammlung wurde noch einmal während dieses Aufenthaltes in Saint-Laurent auf indirekte Weise zum Thema. Als wir uns mit ein paar Saramakaschnitzern unterhielten, dachten wir daran, nach den Ziernägeln zu fragen. Ob sie je von Ziernägeln gehört hätten, die nicht aus Kupfer oder Messing waren? Ja, antworteten sie. Es habe Zeiten gegeben, als die einzig erhältlichen Kupfernägel nur verkupfert waren. Mit der Zeit rieb sich die oberste Schicht ab und das Eisen schien hindurch. Und ja, diese Nägel rosteten nach und nach ziemlich.

Einen Monat später, zurück aus Saint-Laurent und von unserer Expedition in den flußaufwärts gelegenen Gebieten, meldeten wir uns bei der Direktorin, die inzwischen ebenfalls aus ihrem Urlaub zurückgekehrt war. Unter der Post, die sie für uns aufbewahrt hatte, waren die Antworten auf unsere beiden ethnographischen Anfragen. Hurault schrieb, daß alle Schmucknägel, die er je gesehen hatte, aus Messing oder Kupfer bestanden, und der Indianerexperte bestätigte, daß nur eine von Sallys vier Skizzen als ethnographisch anomal bezeichnet werden konnte. Das war die vierte, die das Objekt im Depot darstellte.

Dies bedeutete, daß irgend jemand zu irgendeinem Zeitpunkt

zwei »authentische« Objekte zusammengefügt haben mußte, um daraus ein Sammlerstück zu basteln. Doch wir waren uns immer noch nicht sicher, welche Relevanz dies für die übrige Sammlung hatte, die zum größten Teil aus einem Stück bestehende Objekte umfaßte – Paddel, Tabletts, Rührlöffel und ähnliches.

Nachdem wir den Lieferwagen ausgeladen und der Direktorin die besten Stücke der neuen Sammlung gezeigt hatten, fragten wir sie, für wann sie unser Treffen mit Lafontaine anberaumt habe. »Ich fürchte, ich habe enttäuschende Neuigkeiten für Sie«, antwortete sie mit ernstem Gesicht. »Er hatte einen schweren Herzanfall.«

»Wann denn?« fragte Sally. »Wie geht es ihm jetzt?«

»Es ist vor drei Wochen passiert, auf dem Rückflug von Frankreich. Er liegt immer noch im Krankenhaus auf der Intensivstation. Die Ärzte wissen nicht, ob er es schaffen wird. Es ist nämlich schon sein zweiter, wissen Sie.«

Wir drückten zuerst unsere Erschütterung, dann Mitgefühl und schließlich unsere Enttäuschung aus. »Wir müssen wirklich mit ihm über seine Sammlung sprechen, wenn wir dieser Sache auf den Grund gehen wollen. Andernfalls werden wir uns nie sicher sein«, gestand Rich.

»Ich fürchte, das ist unmöglich, zumindest im Moment«, entgegnete sie.

Wir verfluchten unser Pech, aber zu diesem Zeitpunkt konnten wir nichts tun. Es kam uns kurz in den Sinn, daß die Direktorin möglicherweise versuchte, uns von Lafontaine fernzuhalten. Vielleicht wollte sie gar nicht mehr herausfinden, als sie schon wußte. Jedenfalls schien sie nicht begierig zu sein, mehr über unsere Nachforschungen zu hören, als wir ihr schon in unserem Fax mitgeteilt hatten.

Gleichzeitig fühlten wir eine gewisse Verzweiflung in uns aufsteigen und fragten uns, ob wir je die Gelegenheit haben würden, herauszufinden, was da wirklich vor sich ging. Wären wir religiös, hätten wir wohl eine Menge Kerzen für Lafontaines Genesung angezündet. Aber wie die Dinge lagen, verbrachten wir noch ein paar Tage damit, unseren Auftrag für das Museum zu Ende zu bringen und der Direktorin die während des Sommers gemachten Aufzeichnungen für die erworbene Sammlung zu übergeben, und flogen dann zurück.

Wieder zu Hause in Martinique, stürzten wir uns auf andere Tätigkeiten. Rich begann damit, einen Antrag auf Forschungsgel-

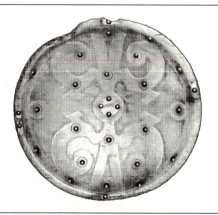

der für ein Projekt über Museen und ihre Bedeutung bei der Entstehung von Nationen zu formulieren. Sally entwarf ein Vorwort für die Neuausgabe eines 1984 von uns veröffentlichten Buches. Wir verbrachten viel Zeit am Telefon mit Verhandlungen über einen farbigen Schutzumschlag für ein bei Johns Hopkins im Druck befindliches Buch. Zwei Tage lang ließen wir alles stehen und liegen, um die nötigen Vorkehrungen für einen schweren Hurrikan zu treffen, der schließlich zu einem falschen meteorologischen Alarm zusammenschrumpfte. Sally stellte Seminarpläne für das kommende Semester in Princeton zusammen, wo sie als Gastprofessorin im Fachbereich Kunst und Archäologie Lehrveranstaltungen abhalten sollte. Unsere Tochter kam zu Besuch. Rich schuftete, um die angesammelte Post von mehreren Monaten zu beantworten. Wir strichen die Küche neu und nahmen letzte Korrekturen an der französischen Übersetzung unseres Kunstbuches vor. Sally umgab sich mit chinesischer Tusche und Unterlagen aus Acetat und fing an, Illustrationen für unser Buch *Equatoria* zu zeichnen. Rich las die Fahnen eines demnächst bei Beacon erscheinenden Buches Korrektur. Wir hielten uns stundenlang in dem großen Gemischtwarenladen im Ort auf und redeten uns ein, Feldforschung zu betreiben. Wir gingen öfter als sonst schwimmen. Wir hatten häufig Gäste zum Abendessen. Aber wie sehr wir

uns auch beschäftigten, Lafontaines Sammlung ging uns nicht aus dem Kopf.

Am ersten Oktober entschieden wir, daß wir zurückkehren mußten. Die Museumsdirektorin hatte, wenn auch eher unverbindlich, davon gesprochen, uns noch einmal für eine Woche kommen zu lassen, um Fehler zu bereinigen, die sich bei der Übertragung unserer Felddaten in den Computerkatalog eingeschlichen hatten. Dies würde uns auch einen Grund liefern, Lafontaine zu besuchen, dessen Selbstdarstellung unserer festen Überzeugung nach neues Licht auf das Rätsel werfen würde. Er mußte sich inzwischen ausreichend erholt haben, um mit uns sprechen zu können. Außerdem konnte es bei seinem gesundheitlichen Zustand riskant sein, mit einem Treffen bis zum nächsten Jahr zu warten.

Wir planten den Telefonanruf sorgfältig im voraus. Sally meldete sich bei der Sekretärin, erkundigte sich nach ihrem Wohlergehen und bat dann, mit der Direktorin sprechen zu können. Als diese am Apparat war, durchlief Sally zuerst dieselben Formalitäten, bevor sie zum eigentlichen Grund des Anrufs kam. Wir hätten unsere Pläne für die kommenden Wochen so arrangiert, daß auch ein Abstecher nach Französisch-Guayana zeitlich einkalkuliert sei, und würden gerne kommen, um den Katalog durchzuse-

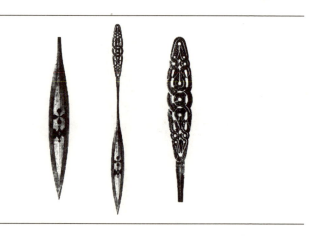

hen. Wann es ihr passen würde und wie es denn nebenbei Monsieur Lafontaine mittlerweile gehe? Gut genug, hofften wir, um ihn besuchen und mit ihm sprechen zu können, während wir in der Stadt wären.

Die Direktorin hörte sich alles schweigend an, bevor sie uns mitteilte, daß sie sehr schlechte Neuigkeiten habe. Vor zehn Tagen etwa sei in Cayenne ein Korruptionsskandal aufgedeckt worden, der allem Anschein nach jeden Politiker in der Regierung betraf. Paris habe angeordnet, alle öffentlichen Gelder in sämtlichen Bereichen einzufrieren, bis die Bücher geprüft waren und eine Lösung für alles gefunden worden war. Das großzügige Budget, das ihr gestattet hatte, Flugtickets zu kaufen, Sammelexpeditionen auszustatten und ihr Büro zu führen, stand ihr nicht länger zur Verfügung. Sie konnte ihre Sekretärin nur noch halbtags beschäftigen, mußte den Assistenten für das Depot entlassen und vielleicht sogar die Sammlungen in beengtere Räumlichkeiten umlagern. Der Bauplan für das Museum war gestoppt und die Bagger von der Baustelle abgezogen worden, wo sie ein riesiges Viereck eingeebneter, roter guayanischer Erde zurückgelassen hatten. Unnötig zu sagen, daß sie sich zur Zeit außer Stande sah, uns einzuladen, um Fehler im Katalog zu korrigieren.

Als diese Neuigkeiten verdaut waren und es angebracht schien,

zu anderen Dingen überzugehen, drückte Sally erneut Interesse an Monsieur Lafontaines Gesundheitszustand aus. Dies hatte eine weitere, niederschmetternde Berichterstattung zur Folge. »Selbst wenn Sie auf eigene Initiative herkommen, wird er Sie aufgrund seines Zustands nicht empfangen können. Und ich glaube, daran wird sich auch in den nächsten Monaten nichts ändern. Seine Gesundheit ist sehr, sehr, sehr, sehr unstabil. Es steht überhaupt nicht fest, daß er sich jemals wieder erholen wird. Seine Ärzte sind da recht pessimistisch.«

Sally hatte das französische Wort für »sehr« noch nie so oft hintereinander wiederholt gehört und verspürte das unbestimmte Gefühl, daß hier noch etwas anderes als nur ein medizinischer Bericht übermittelt wurde. Nachdem sie aufgelegt hatte, sprachen wir über die möglichen Gründe. Übertrieb die Direktorin Lafontaines Zustand, um uns von ihm fernzuhalten?

Das schien uns nicht völlig abwegig zu sein. Auch unter den besten politischen Bedingungen hatte sie bei einem entlarvenden Gutachten über die Gegenstände, die sie so teuer angekauft hatte, wenig zu gewinnen. Und nun, da die Luft um sie herum von Anschuldigungen und Verdächtigungen erfüllt war, würde sich eine Unregelmäßigkeit bei ihren Erwerbungen noch schlechter ausnehmen. Was die Stücke betraf, die wir im Depot untersucht

hatten, so hatte sie Monsieur Lafontaine diese schon zurücknehmen lassen. Auf der Grundlage unseres vorläufigen Berichtes hatte sie entschieden, daß es zu riskant war, sich mit dem Rest der Sammlung einzulassen. Zumal sie jetzt ohnehin nicht mehr die Mittel hatte, die Objekte zu kaufen. Von ihrer Seite aus gesehen, war es durchaus verständlich, daß sie das Thema als erledigt betrachten wollte und keinerlei Interesse hatte, es wieder aufkommen zu lassen – und daß sie daher Lafontaine uns gegenüber als unerreichbar darstellte.

Wir mußten vorläufig akzeptieren, daß wir in eine Sackgasse geraten waren. Wir hatten noch nicht einmal Lafontaines Telefonnummer und wußten, daß sie nicht im öffentlichen Verzeichnis eingetragen war. Nach dem Gespräch mit der Direktorin kam es eigentlich auch nicht in Frage, uneingeladen nach Französisch-Guayana zu reisen. Wir zwangen uns, andere Projekte in den Mittelpunkt zu stellen und uns auf das Semester in Princeton vorzubereiten.

Ende Januar hatten wir uns in einer bescheidenen Wohnung im exklusiven Universitätswohnviertel eingerichtet, das mindestens ein ehemaliger Bewohner einmal als Country Club inmitten einer

Giftmüllkippe bezeichnet hatte. Die Umgebung war, was die Kollegen betraf, allerdings sehr angenehm, und wir empfanden immer mehr Begeisterung über die intellektuellen Anregungen, die uns täglich in Form von Seminaren, gemeinsamen Mittagessen und zwanglosen Begegnungen mit Mitgliedern der Princetongemeinde geboten wurden.

Wir hatten nicht viel Zeit, an die Objekte zu denken, die uns im vergangenen Herbst so beschäftigt hatten. Aber mit fortschreitendem Semester begann das Dilemma wieder aufzutauchen – in Seminaren, in denen Sally das Thema der Authentizität mit Studenten besprach, in Diskussionen mit Kunsthistorikern, während eines dreitägigen Kolloquiums am Graduierteninstitut und bei Telefonaten mit überall im Land verstreuten Kollegen. Im April endlich wurde uns der einzigartige Reichtum an Wissenschaftlern und Austauschmöglichkeiten, der uns umgab, vollständig bewußt. Wenn wir erst einmal nach Martinique zurückgekehrt wären, würden wir keinen Zugang mehr zu dieser Schatzkammer an Fachwissen und wissenschaftlichem Rat haben. Wir beschlossen, ein Seminar zu organisieren.

Wir erstellten eine Liste mit fünfundzwanzig Namen und reservierten einen Seminarraum mit zwei Diaprojektoren für einen Dienstag abend drei Wochen später. Wir fotokopierten

unser zehnseitiges Arbeitspapier, auf dem wir zuoberst auf dessen provisorischen Charakter hinwiesen und in großgedruckten Lettern darum baten, nicht daraus zu zitieren oder sich darauf zu berufen, und verteilten die Kopien über die Campuspost. Wir kauften Salzbrezeln, Chips und Conestogawasser (Kirsch, Zitrone und Natur) sowie zwei Magnumflaschen kalifornischen Weins für die Bewirtung nach Beendigung des Seminars. Wir dachten sogar an unser Taschenaufnahmegerät, damit wir während der Sitzung keine Notizen zu machen brauchten. Zu unserer großen Freude erschienen zweiundzwanzig Personen zum Seminar.

Sally eröffnete die Sitzung, indem sie allen für ihr Kommen dankte und vorschlug, daß jeder sich reihum kurz selbst vorstellen sollte. Anwesend waren der emeritierte Professor Ulfart Vanderkunst, der bei der Feststellung der Echtheit von Rembrandtbildern mitgearbeitet hatte; ferner Marina Varetto, eine jüngere Dozentin und Renaissancespezialistin; Cornelia Dixon-Hunt von der Abteilung für feministische Studien; Peter J. Sherwood III., der vor kurzem ein Stipendium der Getty-Stiftung zur Erforschung römischer Nachbildungen von griechischen Statuen erhalten hatte; Meyer Hertzman, ein Juradozent vom Graduierteninstitut, der sich auf Verleumdungsklagen gegen öffentliche Medien

spezialisiert hatte; Jeremy Knight und Samantha Reynolds, Studenten aus Sallys Hauptseminar; Murray Briggs, ein Islamist, den wir im Gemeinschaftsraum der Fakultät kennengelernt hatten; Robin Swann, eine Literaturkritikerin aus der geisteswissenschaftlichen Abteilung, mit der wir eine angeregte Diskussion über William Blake geführt hatten; Mark O'Brien, ein frischgeschiedener, auf China spezialisierter Historiker, der aus Freundschaft und vielleicht aus abendlicher Einsamkeit gekommen war; und noch ein Dutzend andere.

Rich nickte Jeremy zu, der neben dem Lichtschalter saß. Als sich der Raum verdunkelte, öffnete sich die Tür, und Manuel García schlüpfte herein, ein Freund aus Mexico, der eine psychologische Praxis führte, aber auch hin und wieder Artikel über Kunst schrieb. Da er gerade wegen einer Konferenz in New York war, hatte er am Tag zuvor angerufen, um kurz zu plaudern, und wir hatten ihn zu unserem Seminar eingeladen.

Wir zeigten schnell hintereinander mehrere Dutzend Dias und benutzten die beiden Projektoren, um auf Ähnlichkeiten und Unterschiede zwischen den Objekten aus Lafontaines Sammlung und Stücken, die wir auf Expeditionen oder in Museumssammlungen entdeckt hatten, hinzuweisen. Dann umrissen wir die drei Möglichkeiten, mit denen uns die Seminarteilnehmer, wie wir

hofften, helfen konnten. Eine davon war, erklärte Sally, uns auf wissenschaftliches Material in den verschiedenen relevanten Disziplinen hinzuweisen (Fälle, Literatur, aktuelle Debatten), aus dem wir schöpfen konnten, wenn wir mit unseren Nachforschungen weitermachten. Eine weitere, sagte Rich auf Manolo schauend, bestand darin, uns zu helfen, die psychologische Komponente bei diesem Katz-und-Maus-Spiel von Untersuchung, das uns in dieser Form noch nie begegnet war, zu verstehen. Und schließlich, fuhr er fort, indem er den Blick von Professor Hertzman am anderen Ende des Tisches auffing, wären wir dankbar für Ratschläge und Informationen über die moralischen und rechtlichen Konsequenzen einer eventuellen Veröffentlichung unserer Ergebnisse, wenn wir uns davon überzeugt haben würden, ein paar hieb- und stichfeste Argumente und Beweise zu besitzen.

Die Diskussion begann wie üblich mit einem Moment des Schweigens, einer Art temporärem Niemandsland zwischen Vortrag und offener Diskussion, in dem jeder Teilnehmer die Zusammenkunft einzuschätzen versuchte und sich einen angemessenen Ton der Selbstdarstellung überlegte. »Vielleicht könnten wir mit Awali beginnen«, schlug Sally vor und wies auf das Papier, das wir im voraus verteilt hatten. »Der Saramakaholzschnitzer«, fügte sie für diejenigen hinzu, die noch keine Gelegenheit gehabt hatten, es

zu lesen.»Hat jemand eine Idee, wie man seine Reaktionen auf die Sammlung interpretieren könnte?«

»Haben Sie schon mal an Morelli gedacht?« fragte Professor Swann lakonisch. Wieder Schweigen. Rich bat sie um eine Erklärung.

»Ich beziehe mich natürlich auf Carlo Ginzburg«, sagte Swann. Samantha Reynolds nahm ihren Vierfarbkuli zur Hand, drückte die grüne Mine für ihre Seminaraufzeichnungen herunter und begann zu schreiben. Professor Vanderkunst kratzte sich an seinem Kinnbart. Marina Varetto beugte sich erwartungsvoll vor.

»Es ist vielleicht ein bißchen weit hergeholt, aber im Prinzip geht es um Beweise und um Methoden, um das, wonach man sucht, wenn man ein unsigniertes Gemälde zuschreiben will. Ginzburg hat eine Analogie mit den Techniken von Jägern entwickelt. Das ist im Grunde auch die einzige Verbindung zu Awali, aber da wir noch nicht auf Ihre Frage eingegangen sind, lassen Sie mich den Fall kurz schildern und sehen, ob er uns weiterbringen kann.

Ginzburgs Theorie besteht darin«, fuhr Swann fort, »sich nicht auf die auffälligsten Charakteristiken eines Künstlers – das Lächeln bei Leonardo, Van Goghs Pinselstrich – zu konzentrieren und zu sehen, ob sie übereinstimmen, sondern auf die unschein-

barsten Details. Bei Porträts könnte man zum Beispiel die Fingernägel oder die Ohrläppchen untersuchen, Einzelheiten, an die ein Künstler, der versucht, den Stil eines anderen Künstlers zu kopieren, vielleicht nicht denkt und die er am wahrscheinlichsten falsch machen wird, verstehen Sie. Weil es sich herausgestellt hat, daß jeder Maler seine eigene, unnachahmliche Art hat, diese peripheren, wenig beachteten Einzelheiten auszuführen.

Ginzburg schreibt über einen italienischen Kunsthistoriker namens Morelli, Giovanni Morelli, der seine Ideen um 1880 unter dem Pseudonym Ivan Lermolieff veröffentlichte. Er behauptete, der ganze Text sei aus dem Russischen von einem gewissen Johannes Schwarze übersetzt worden, was wiederum die deutsche Entsprechung von Morellis Namen ist. Morelli arbeitete ganz ähnlich wie Sherlock Holmes und ermittelte den Verbrecher beziehungsweise den Künstler, indem er auf Beweise achtete, die die meisten Menschen übersehen würden.«

»›Die Pappschachtel‹, nicht wahr?« Das war Lisa Summerfield, eine Studentin von Swann, die deren Vortrag über Morelli schon früher im Semester gehört hatte.

Swann warf einen Blick an das Kopfende des Tisches. »Schweife ich zu sehr ab?« fragte sie.

»Nein, sprechen Sie bitte weiter, Robin«, ermutigte Rich sie.

»Worauf Lisa anspielt«, fuhr sie fort, »ist eine lange Geschichte über Sherlock Holmes und eine sittsame, unverheiratete Dame, die ein abgeschnittenes Ohr in einer Pappschachtel zugeschickt bekommt. Er bemerkt, daß das Ohr fast genauso aussieht wie eines ihrer eigenen Ohren, und zwar, weil er gerade einen wissenschaftlichen Artikel über die Verschiedenartigkeit menschlicher Ohren und ihr individuelles Aussehen geschrieben hat, und folgert, daß das Ohr einem sehr nahen Verwandten der Dame gehört haben muß. Ich will hier nicht in alle Einzelheiten gehen, aber der springende Punkt ist, daß Holmes und Morelli beide instinktiv wußten, daß Persönlichkeit sich dort am stärksten ausdrückt, wo die bewußte Anstrengung die geringste Rolle spielt, und daß kleine, unwillkürliche Gesten mehr über den wahren Charakter von Personen aussagen als die sorgfältig entworfenen Fassaden, die sie der Welt präsentieren. Ich hoffe, es wird jetzt klar, worauf ich hinauswill.«

»Ich bin nicht sicher, ob ich den Kern der Sache verstanden habe«, gestand Sally.

»Tut mir leid«, sagte Swann, »ich versuch's noch mal. Ginzburg verdeutlichte nicht nur das Auftauchen eines neuen Paradigmas in der Beweisführung am Ende des neunzehnten Jahrhunderts, indem er sich auf Morelli und Conan Doyle berief, sondern machte

sich auch ganz raffiniert die Geburt der Psychoanalyse zunutze. Wie Sie wissen, schrieb auch Freud selbst über Morellis Methode. Sein berühmter Essay über Michelangelos Moses, in dem er auf sie eingeht, wurde sogar zuerst anonym veröffentlicht. Interessant, nicht?

Also – und das ist jetzt die Quintessenz für Ihr Saramakaprojekt –, Morelli, Holmes und Freud haben alle drei Zeichen oder Spuren gelesen, die die meisten Menschen nicht bemerken oder als selbstverständlich hinnehmen. Ginzburg stellt diese Art ›einfacher Intuition‹ ausdrücklich höheren Formen des Wissens gegenüber, die das privilegierte Eigentum einer Elite, wie zum Beispiel der etablierten Kunsthistoriker, ist. Holmes, Freud und Morelli gehen mit ihrer ›einfachen Intuition‹ auf eine sehr alte Form des Wissens zurück, die Jäger seit undenklichen Zeiten praktiziert haben. Sie wissen, was ich meine, die Fährte eines Tieres aus zerbrochenen Zweigen, einem Büschel Haare oder ein paar Abdrücken rekonstruieren zu können. Deshalb dachte ich, daß Morelli für Sie interessant sein müßte. Wenn Awali ein Jäger ist, wollte er Ihnen vielleicht raten, mehr auf diese Weise zu denken.«

Swanns Monolog brach das Eis wirkungsvoll, so daß auch andere langsam ihre anfängliche Zurückhaltung aufgaben. Rosemary Kim, eine Anthropologin, erweiterte die Rolle von schein-

bar belanglosen Einzelheiten bei der Identifizierung eines Kunstwerks noch, indem sie ein Beispiel aus British Columbia anführte. Der Autor eines Buches über die Kunst der Nordwestküste, erzählte sie, habe ein Armband von einem Haidasilberschmied mit einer zum Verkauf bestimmten Kopie verglichen und gezeigt, daß der Imitator nicht auf die Formen in den kleinen Bereichen um das Hauptmuster herum geachtet hatte. Er hatte die Figuren kopiert, ohne dem Hintergrund genügend Aufmerksamkeit zu schenken. »Man kann also nicht nur die Echtheit der Arbeit eines einzelnen Künstlers durch diese sogenannten trivialen Merkmale bestimmen«, schloß sie. »Sie können auch bei der Einordnung von ganzen kulturellen Traditionen helfen.«

Timothy Randall, ein Historiker, der sich mit dem modernen Frankreich beschäftigte, fügte eine Bemerkung zu dem Ginzburg-Essay an. »Amüsant ist dabei«, sagte er glucksend, »daß Ginzburg denselben Text immer wieder ohne Angabe vorheriger Abdrucke veröffentlicht hat, beispielsweise in der Zeitschrift *History Workshop* und in einem Buch mit dem Titel *The Rule of Three*, herausgegeben von Tom Sebeok. Und meiner Meinung nach ist seine angebliche Theorie nichts anderes als Baconscher Empirismus und kein großartiger Gegenansatz zur ›modernen Wissenschaft‹. Wie gewöhnlich versucht Ginzburg sich als methodologischen

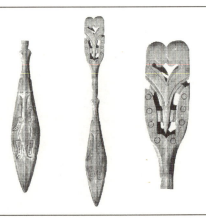

Bilderstürmer darzustellen, wo er in Wirklichkeit ein altbekanntes Argument anführt.«

Swann mischte sich wieder in die Diskussion ein und bemerkte, daß es eine interessante Idee sei, das Plagiat als Spiegelbild der Fälschung zu betrachten, egal, ob ein Text dabei anonym, mit Pseudonym oder ohne Hinweise auf vorherige Veröffentlichungen publiziert werde.»Bei einem Plagiat setzt man seinen eigenen Namen auf die Arbeit eines anderen. Aber bei einer Fälschung setzt man den Namen eines anderen auf die eigene Arbeit.«

»Das ist interessant!« sagte Rosemary.»So habe ich es noch nie betrachtet.«

Ein Mitglied der germanistischen Abteilung trug dann einige Bemerkungen zur Etymologie des englischen Wortes »fake« für »Fälschung« bei und wies darauf hin, daß das deutsche Wort »fegen« früher doppeldeutig war und eine »schlechte« Bedeutung im Sinne von »stehlen« und »täuschen« hatte sowie eine »gute« im Sinne von »säubern« und »reinmachen«.

»Bei dem englischen Verb ›to forge‹ ist es ähnlich«, fügte Murray Briggs hinzu.»Es meint sowohl eine positive Kreativität wie ›schmieden‹ oder ›erschaffen‹ und hat gleichzeitig eine negative Färbung im Sinne von ›fälschen‹. Das erinnert mich an die Vorträge von Tony Grafton hier vor zwei Jahren, in denen er den

Reiz des Fälschens betonte und erläuterte, daß das Verlangen zu fälschen fast jeden überkommen kann – Erasmus hat Texte gefälscht, Michelangelo hat Skulpturen gefälscht. Grafton zeigte ein Dia von der Titelseite einer alten Abhandlung über das Fälschen, deren Motto lautete *Mundus vult decipi* – Die Welt will betrogen werden. Und er zog eine Schlußfolgerung, die in etwa besagte, daß im menschlichen Geist ein tiefverwurzeltes Begehren existiere, so weit und gründlich hinters Licht geführt zu werden wie möglich. Es gehe dabei ein starker Wunsch von beiden Seiten aus – eine Fälschung zu schaffen, aber auch, von ihr getäuscht zu werden.«

Samantha hob die Hand und bekam das Wort. »Ich wollte nur sagen, daß es mir interessant erscheint, daß Leute, die über Fälscher und Kunstfälschungen schreiben, sich oft Pseudonyme zulegen oder anonym veröffentlichen oder so etwas. Wie das, was Professor Swann erzählte, daß etwas angeblich aus dem Russischen übersetzt wurde, was aber gar nicht stimmt. Deshalb wollte ich Sie fragen, Professor Price, wie Sie darüber denken, für den Fall, daß Sie über dieses Thema schreiben wollen? Sie haben in dem Exposé, das Sie verteilten, geäußert, daß Sie daran dächten, die Namen der Beteiligten und eventuell auch einen Teil der Geschichte zu ändern, so daß die Aussage erhalten bliebe, aber

keine Anschuldigung daraus würde. Aber ich weiß nicht, ich bin mir irgendwie nicht sicher, daß das funktionieren würde.«

An dieser Stelle meldete sich Professor Hertzman zu Wort, um sein Fachgebiet vor der Trivialisierung zu retten. »Was die junge Dame da anspricht, ist von einiger Bedeutung. Ich möchte als weiteres Beispiel anführen, daß Clifford Irving die Geschichte Elmyr de Horys, des berühmten Kunstfälschers, vorgeblich so niedergeschrieben hat, wie de Hory sie ihm in freundschaftlichem Geplauder als sein Nachbar auf Ibiza erzählt hatte, kurz bevor Irving zu der Autobiographie von Howard Hughes überging. Diese führte, wie viele von Ihnen sich erinnern werden, zu einer Verurteilung wegen Verleumdung aufgrund des Nachweises, daß Irving Hughes noch nicht einmal persönlich begegnet war.«

»Aber das sollte nur eine Anmerkung sein«, fuhr er fort. »Was ich eigentlich sagen wollte, ist, daß vom juristischen Standpunkt aus ein entscheidendes Kriterium darin besteht, ob Sie Tatsachen und Fiktion miteinander vermischen oder nicht. Und ob die Personen, die Sie im Text beschreiben, erkennbar sind – auch wenn sie nur für sich selbst erkennbar sind. Mit anderen Worten, wenn Sie soviel Wahres über jemanden schreiben, daß der- oder diejenige sich selbst erkennen kann, und dann andere Dinge hinzufügen, die nachweislich unwahr sind (und vermutlich beleidigend –

sonst würde man keine Anzeige erstatten), spielen Sie streng juristisch gesehen mit dem Feuer.

In der Praxis sieht es jedoch sehr viel komplizierter aus. Ich habe einmal einen jungen Romanschriftsteller beraten, der einen recht unsympathischen Charakter nach jemandem geschaffen hatte, den er wirklich kannte – einen Professor, der für ein Forschungssemester nach Berlin ging und seine Sekretärin nicht mitnehmen konnte, aber ihr Gehalt der Universität auch nicht zurückerstatten wollte. Also schlug er ihr vor, halbe-halbe zu machen, plus einem kleinen Extra für sie, weil sie es auf ihrer Steuererklärung angeben mußte. Sie spielten auf diesen Handel als ihre ›große braune Tüte‹ an, weil sie ihm seinen Teil in bar gab – wirklich in einer braunen Papiertüte! –, als er zurückkam. Der Professor hatte das alles dem Schriftsteller, mit dem er befreundet war, auf einer Cocktailparty anvertraut.

Das Ganze beruhte also auf einem tatsächlichen Szenario, aber alles außer dem Betrug selbst wurde geändert – ich glaube, der Professor wurde von einem alten Mann zu einer Frau mittleren Alters und so weiter –, so daß die einzige Grundlage, auf der der wirkliche Professor gegen die Publikmachung seiner Gaunerei Anklage erheben konnte, darin bestand, zu beweisen, daß er seine Universität um ein Sekretärinnengehalt betrogen hatte. Was er

natürlich nicht tun würde. Wie bei jedem Gesetzeszweig werden auch Klagen wegen übler Nachrede in Veröffentlichungen enorm kompliziert, wenn man es mit wirklichen Fällen zu tun hat, und es gibt unzählige Grauzonen, die es sehr schwer machen, den Ausgang eines solchen Rechtsstreits vorherzusagen. Man muß wirklich jeden Fall auf seine besonderen Bedingungen und Umstände abklopfen.«

»Entschuldigen Sie, Meyer«, sagte Rich. »Kurz ein wenig Organisatorisches. Ich habe jetzt Professor Vanderkunst auf der Liste, Peter, Cornelia, Mark, Marina und Chris. Sonst noch jemand?« Er hatte die Namen notiert, sobald verschiedene Leute am Tisch ihren Redewunsch wie bei einer Auktion durch ein kurzes Nicken oder einen erhobenen Zeigefinger ankündigten. »Manolo? Gut, danke, ich glaube, ich habe jetzt alle. Möchte jemand direkt auf das eingehen, was Meyer gesagt hat? Nein? Also ich persönlich würde gern noch mal auf den rechtlichen Aspekt zurückkommen, aber wir wollen jetzt zuerst nach der Liste vorgehen und noch ein paar andere Gedanken sammeln.«

Professor Vanderkunst ergriff mit rauher Stimme das Wort. »Ich möchte, wenn es recht ist, zu dem zurückkehren, was Professor Swann gesagt hat. Wäre es nicht möglich, daß ...« Er unterbrach sich einen Moment, um nach dem richtigen englischen Aus-

druck zu suchen.« Wäre es nicht möglich, daß Sie auf der falschen Fährte sind? Meine eigenen Erfahrungen, die zugegebenermaßen aus einem ganz anderen Bereich stammen, haben mich zu der überraschenden Erkenntnis geführt, daß die meisten Fälschungen in der Kunstgeschichte überhaupt nicht durch die Art der hier angesprochenen systematischen Analyse entdeckt werden. Ob die Merkmale, die Sie untersuchen, auffällig oder marginal sind, ist zwar eine theoretisch interessante Überlegung, aber wenn Sie sich die Dokumentationen solcher Fälle ansehen, werden Sie feststellen, daß die Aufdeckung viel häufiger durch einen völlig nebensächlichen Fehler geschieht, durch irgendeinen verrückten, zufälligen und unvorhersehbaren Umstand, der einem die Diskrepanz plötzlich vor Augen führt.«

»Können Sie das an einem konkreten Beispiel erläutern?« fragte Marina Varetto.

»Es gibt zahlreiche Beispiele. Van Meegeren ist zweifellos das bekannteste. Aber wir könnten auch wieder de Hory zur Verdeutlichung heranziehen. De Hory schaffte es, mehrere hundert – vielleicht sogar tausend – Picassos, Modiglianis, Dufys und andere zu malen, die von Museen und Galerien in Paris, New York und Tokio angekauft wurden. Er blieb zwanzig oder dreißig Jahre lang unentdeckt, bis ein Angestellter eines französischen Aukti-

onshauses, der routinemäßig etwas überflüssigen Schutzlack von einem für eine Ausstellung vorgesehenen Vlaminck abwischte, zufällig bemerkte, daß ein wenig blaue Farbe vom Himmel am Lappen hängengeblieben war. Und so wurde er entdeckt.«
Professor Vanderkunst hielt kurz inne, um einen Schluck Wasser zu trinken, bevor er mit seinen Ausführungen fortfuhr. »Aber Van Meegerens Geschichte ist noch besser. Er malte erfolgreich gefälschte Vermeers, die Millionen von Dollar einbrachten und in Museen in ganz Europa aufgehängt wurden. Und dann fand durch puren Zufall Hermann Göring Gefallen an einem dieser Vermeers und erwarb ihn von einem Händler im Tausch gegen andere Gemälde im Wert von umgerechnet einer Million Dollar, die die Nazis aus dem besetzten Holland gestohlen hatten. Als der Krieg zu Ende war, fanden die Alliierten diesen bisher unbekannten Vermeer in Görings Sammlung und verfolgten die Spur zurück bis zu Van Meegeren, dem der Prozeß gemacht wurde, weil er den Deutschen einen niederländischen Nationalschatz *verkauft* hätte. Sie beschuldigten ihn der Kollaboration, und ihm drohte die Todesstrafe: Also schockierte er die Kunstwelt, indem er während seines Prozesses unter immensen Schwierigkeiten, aber schließlich doch erfolgreich bewies, daß er das Bild *gemalt* hatte, genauso wie mehrere andere berühmte Vermeers. Wenn ich

mich nicht irre, führte er diesen Beweis, indem er einen Vermeer im Gerichtssaal malte! All das soll besagen – und hier bin ich mit Professor Swann einer Meinung –, daß man ein wenig Glück braucht. Vielleicht sollten Sie nach etwas anderem als nach formalen Details Ausschau halten. Vielleicht gibt es noch andere Anhaltspunkte.«

»Diese Geschichten beginnen mich wirklich langsam zu ärgern«, sagte Peter Sherwood. »Ich meine es nicht persönlich, Ulfart. Aber es stimmt einfach nicht, daß die meisten Kunsthistoriker auf die Arbeiten von de Hory oder Van Meegeren hereingefallen waren. Erfahrene Beobachter betrachteten Van Meegerens Bilder von Anfang an nicht als Vermeers. Warum haben die Leute so ein großes Bedürfnis, diese geschmacklos aufgebauschte Geschichte ständig zu wiederholen und zu behaupten, daß niemand den Unterschied bemerkt habe? Das ist eine Beleidigung jeglicher Kennerschaft.«

»Hier muß ich einschreiten«, verkündete Cornelia Dixon-Hunt. Sherwood verdrehte die Augen. Er wußte, was jetzt kommen würde.

»Was Sie nie berücksichtigen, Peter, ist, daß es einen Unterschied zwischen Privileg und Wissen gibt. Dies ist genau die Art von Situation, wo der Klassenkampf deutlich sichtbar stattfindet.

Die altehrwürdige Kunstwelt glaubt, ihre baufällig gewordene Festung verteidigen zu müssen, und kann dies nur tun, indem sie nicht zuläßt, daß die Äußerungen ihrer selbstgewählten Mitglieder auch nur im geringsten in Frage gestellt werden.

Ich muß sagen«, fuhr sie fort, »daß ich schon geahnt habe, daß dieses Thema zur Sprache kommen würde, deshalb habe ich mich vorbereitet. Ich habe hier einen Artikel aus der *New York Times*, der ein paar unglaubliche Passagen von John Russel enthält.

Hören Sie sich das an: ›Ich sage es ungern, aber eine Menge Leute finden Fälschungen gut ... Und dieselben Leute‹, man kann sich denken, wen er meint – ›lieben oft auch die Fälscher und sehen in ihnen so etwas wie die einsamen Reiter der Kunstwelt. Sie halten sie für schelmische, subversive, sexy Outlaws, die nichts lieber tun, als den aufgeblasenen Wichtigtuern die Luft herauszulassen und zuzusehen, wie sie in sich zusammenfallen. Fälschern werden kreative Energie und Schwung, Wagemut und Schneid zugeschrieben, ungeachtet dessen‹ – an dieser Stelle zeigt er sein wahres Gesicht – ›ungeachtet dessen, daß die Tatsachen sie als zweitrangige Schurken ausweisen, die sich Trost verschaffen, indem sie in einer Lüge leben.‹«

»Entschuldigen Sie«, sagte Professor Vanderkunst. »Ich will Ihren Beitrag nicht unterbrechen, aber lassen Sie mich kurz

anmerken, daß Van Meegeren während seines Prozesses zu einer Art Nationalheld in den Niederlanden wurde! Viele Leute fanden es großartig, daß jemand die Autoritäten so hinters Licht geführt hatte.«

Cornelia nickte und fuhr fort, aus dem Artikel von John Russel vorzulesen. »›Für einen erfahrenen Betrachter gehen von den meisten Fälschungen starke, abstoßende Schwingungen aus. Nur sehr selten kann eine Fälschung einen sachkundigen Betrachter täuschen. Es gibt immer Leute, die den Unterschied zwischen echt und falsch benennen können, genauso wie es Leute gibt, die auf einen Blick sagen können, was mit einem Pferd nicht in Ordnung ist oder mit einer Pflanze, einem Auto oder einer zweifelhaften Bilanz.‹ Er versucht sogar, Walter Benjamin herunterzumachen! Er schreibt, daß Benjamin ›ganze Generationen in die Irre geführt hat‹, indem er den Wert eines Originalkunstwerks im Zeitalter seiner technischen Reproduzierbarkeit zu entmystifizieren versuchte.

Und er kommt immer wieder auf die angebliche Solidarität zwischen Fälschern und dem Pöbel zurück. (Okay, Peter, lassen sie mich das zu Ende bringen. Ich bin fast fertig, und ich finde wirklich, daß Sie sich das anhören sollten.) Russel behauptet, daß Fälschungen aus ›reiner Mutwilligkeit entstehen – aus dem

Wunsch, Unruhe zu stiften, Zwietracht zu säen und andere lächerlich zu machen. Und dann ist da noch der Haß auf die Kunst, die blinde Böswilligkeit, die – oft auf einer unbewußten Ebene – weiter verbreitet ist, als man allgemein annimmt.‹ Das ist die Stimme der etablierten Kultur«, faßte sie zusammen, »echte Kultur gegen niedere Kultur. Wir gegen die dort unten. Das System braucht Fälschungen, um den Anspruch der Authentizität zu wahren. Und die Kulturwächter, die Männer, die das Urteil über echt und falsch fällen, sind immer dieselben.«

»Ein Teil des Problems dabei«, sagte Palmer Wright, der gerade seine Dissertation über *Guernica* beendete, »ist die absolute Arroganz der Klasse, die die Urteile fällt. Als ich letzte Weihnachten in London war, habe ich mir die Ausstellung über Fälschungen im Britischen Museum angesehen. Sie haben einen interessanten Katalog dazu gemacht, den ich mitgebracht habe.« Er hielt ihn in die Höhe. »Ich würde gern vorlesen, was der große Kunsthistoriker Abraham Bredius 1937 über Van Meegerens berühmtesten ›Vermeer‹ schrieb, da diese Stelle ein bestimmtes Licht auf John Russels Kommentar über die abstoßenden Schwingungen von Fälschungen, die sachkundige Betrachter immer spüren können, wirft.« Er räusperte sich und begann zu lesen.

»Es ist ein wunderbarer Moment im Leben eines Kunstliebha-

bers, wenn er sich plötzlich einem bis dato unbekannten Gemälde von einem großen Meister gegenübersieht, unberührt, auf der ursprünglichen Leinwand, ohne Restaurierungen, genau so, wie es das Atelier des Malers verlassen hat! Und was für ein Gemälde! Weder die schöne Signatur ... noch die Punktmalerei auf dem Brot, das Christus segnet, wäre nötig, um uns davon zu überzeugen, daß das, was wir hier vor uns haben, ein Meisterwerk – ich möchte sogar sagen *das* Meisterwerk – von Johannes Vermeer aus Delft ist.«

»Aber nun hören Sie sich an, was einer von Bredius' Nachfolgern in dem Katalog über van Meegerens Arbeit schreibt, nachdem nun also alle über die Fälschungen Bescheid wissen:
›Zu den auffälligsten Merkmalen gehören die schwerlidrigen Augen mit den waschbärartigen Schatten darunter, die zu fleischigen Lippen und Nasen, die hölzern aussehenden Finger mit den viereckigen Spitzen und die zerbrechlichen, dünnen Handgelenke. Die sackartigen Gewänder, die an den Figuren hängen, können die mangelnde Fähigkeit des Fälschers, Körper anatomisch korrekt zu malen, nicht verbergen ... Auf dem Bild *Christus und die Ehebrecherin* sieht Jesus etwas gesünder aus als auf den meisten Van Meegerens, aber eine kleine Bluttransfusion könnte ihm nicht schaden.‹

Und so weiter. Was ich sagen will – nur um zu unterstreichen, was Professor Dixon-Hunt gerade gesagt hat – ist, daß dieselbe connaisseurhafte Arroganz sowohl richtigen als auch falschen Schlußfolgerungen eine Aura der Autorität verleihen kann. Wenn Sie den richtigen Namen haben, können Sie die Echtheit eines Gemäldes bejahen oder verneinen, und die Leute werden Ihr Urteil wie Gottes Wort hinnehmen. Und ohne mit der Wimper zu zucken, können Kunsthistoriker ihre Einschätzung in das genaue Gegenteil verkehren, nachdem sie erfahren haben ...«

Rich unterbrach ihn. »Von diesen Polemiken einmal abgesehen, interessiert mich an diesen Fällen am meisten, wie unsere Wahrnehmung sich komplett verändert, wenn wir zu wissen glauben, daß etwas echt ist oder nicht. Wenn wir erst einmal durch neutrale Beweise davon überzeugt sind, daß es sich bei einem Objekt um eine Fälschung handelt, können wir uns nicht mehr vorstellen, wie man es je für authentisch halten konnte.«

Sally bemerkte, daß Cornelia darauf fieberte, sich wieder in die Diskussion einzumischen, die in eine Sherwood/Dixon-Hunt-Debatte auszuarten drohte, wie sie die meisten Anwesenden schon öfter irgendwo auf dem Campus erlebt hatten. Schnell erteilte sie Mark O'Brien das Wort, dem nächsten auf der Liste.

»Nun, das hier ist wirklich nicht mein Fachgebiet«, sagte Mark

respektvoll.« »Daher werde ich mich kurz fassen. Ich wollte nur ein Beispiel aus der chinesischen Kunstgeschichte erwähnen, das zeigt, wie kompliziert selbst die Unterscheidung zwischen ›Fälschungen‹ und ›authentischen Werken‹ sein kann. Jemand, der mehr von Kunstgeschichte versteht als ich, könnte die technischen Einzelheiten genauer darlegen, aber im Grunde ist es recht einfach. Manche chinesische Bilder sind auf Papier aus Maulbeerbaumrinde gemalt, das aus zwei sehr dünnen Schichten besteht. Ich schätze, es ist ungefähr so wie bei Papiertaschentüchern oder Toilettenpapier – so dünn, daß eine geschickte Hand die beiden Schichten offenbar voneinander lösen kann und so zwei identische Bilder aus einem erhält. Welches ist nun das Original? Oder kann es auch zwei Originale geben? Ich wollte das nur nebenbei noch in die Diskussion einwerfen.«

»Könnten wir zu den Hintergründen für das Interesse an Fälschungen zurückkommen?« schlug Chris Walters vor.

»Ich finde nicht, daß wir Marks Beitrag so schnell übergehen sollten«, protestierte Marina Varetto. Sally wußte, daß sie seit seiner Scheidung ein Auge auf Mark geworfen hatte, und stellte sich vor, daß Marina sich heimlich einen Punkt zugute rechnete, weil sie Mark unterstützte. »Ich denke Marks Beispiel ist ungeheuer erhellend für dieses ganze neblige Gebiet zwischen ›ge-

fälschten‹ oder ›nachgemachten‹ und authentischen Werken. Wie sein Kommentar zeigt, sind die Methoden, sich diesen grauen Bereich zunutze zu machen, von den jeweiligen Kulturen und historischen Epochen abhängig, aber wenn man sie alle zusammen nimmt, gibt es viele raffinierte Möglichkeiten für Leute mit der nötigen Motivation, dieses Spiel zu spielen. Man kann ein beschädigtes Stück in täuschender Absicht ›restaurieren‹. Man kann die Herkunft ›schönen‹. Man kann an einer Zuschreibung herumpfuschen. Selbst ganz und gar ›authentische‹ Künstler können ihr eigenes Werk ›fälschen‹ – Dalí zum Beispiel pflegte weiße Blätter blanko zu signieren und sie seinem Händler zu geben. Und wir alle kennen die Anekdote über Picasso, der damit prahlte, daß er nachgemachte Picassos genausogut herstellen könne wie jeder andere.«

»Das ist eine Sache, die Rich und ich mehr auf den anthropologischen Rahmen übertragen müssen«, bemerkte Sally und machte sich trotz des noch laufenden Kassettenrekorders schnell eine Notiz. »Die ganze Skala von Tricks, die in Afrika ersonnen wurden, ist ziemlich gut dokumentiert – und dann gibt es natürlich Beispiele wie María Martínez, die großzügigerweise ihren Namen auch auf Töpferwaren von anderen Pueblokünstlern setzt. Aber die Vermarktung von ›ethnographischer‹ Kunst in vielen anderen

Kulturen – einschließlich der Maroongesellschaften aus Suriname – ist noch sehr neu, so daß wir hier ganz von vorn anfangen müssen, um hinter die Tricks zu kommen, die sich manche Leute vielleicht ausgedacht haben. Das ist höchstwahrscheinlich auch der Schlüssel zu unserem Problem mit Lafontaines Sammlung. Entschuldigen Sie, Chris, ich weiß, daß Sie als nächster dran sind, aber ich wollte nur kurz daran erinnern, daß es immer noch der Lafontaine-Fall ist, der hier zur Debatte steht.«

Chris Walters bezog sich mit einer Anmerkung zu der Clifford Irving und Howard Hughes betreffenden Geschichte noch einmal auf die potentiell ansteckenden Folgen des Interesses an Täuschungen und Fälschungen: »Ich weiß nicht mehr, wo ich es gelesen habe, aber ich weiß, daß der Autor des wichtigsten Buches über Van Meegeren ein irischer Aristokrat namens Lord Kilbracken war und daß dieser als Figur in Clifford Irvings Buch auftaucht. Im Buch kommt er nach Ibiza und hat dort Kontakt mit de Hory. Von Kilbracken wird tatsächlich angenommen, daß er de Hory im wirklichen Leben kannte. Mir scheint, daß Personen, die beginnen, über diese Art Halbwelt zu schreiben, eine Tendenz zeigen, irgendwie in sie hineingezogen zu werden, einfach weil sie sich mit ihr beschäftigen.«

Dieser Beitrag rief keine weiteren Kommentare hervor, deshalb

sprach Rich die nächste Person auf seiner Liste an. »Manolo, was hältst du aus psychologischer Sicht von der ganzen Sache?«
»Es ist ziemlich verzwickt, aber ich habe ein paar Ideen.« Manolo warf einen kurzen Blick auf seinen Notizblock. »Ich weiß nicht, ob die Gegenstände echt sind oder nicht, aber mir scheint, daß ihr ein wenig zu sehr betont, daß sie nicht gefälscht sein *können*. Was zwischen euch beiden und Lafontaine geschieht, würde ich als einen Prozeß der Verführung ansehen. Er zieht euch mit hinein, macht euch zu Teilnehmern seiner Unternehmung und zwingt euch, als Agenten bei der kommerziellen Verwertung seiner Sammlung zu fungieren – egal, ob das Zeug echt ist oder nicht, aber das Ganze würde vom psychologischen Standpunkt her besonders interessant werden, wenn irgendeine Art von Betrug dabei im Spiel wäre. Offensichtlich ist es euer Wissen über Maroonkunst, das euch zu seiner meistbegehrten Beute macht.«

»Was meinen Sie mit ›offensichtlich‹?« warf Briggs ein, der verärgert aussah, weil dieses Wort in einer Argumentation gebraucht wurde, der er anscheinend nicht folgen konnte.

»Verzeihung«, sagte Manolo, »ich werde versuchen, mich klarer auszudrücken. Gerade weil die Prices so viel über diese Art von Kunst wissen, aber noch mehr, weil ihnen – im Gegensatz zu den meisten Leuten, mit denen Lafontaine zu tun hat – so viel

daran liegt, sind sie für Lafontaine besonders als Komplizen geeignet. Die Museumsdirektorin ist ebenfalls wichtig bei diesem Spiel, und zwar aufgrund ihrer Stellung und ihrer Position in der Öffentlichkeit. Also hat er zunächst sie hineingezogen und sie dazu gebracht, ihm das Geld und die öffentliche Wertschätzung seiner Sammlung zu verschaffen. Wir könnten auch die Tatsache ein wenig genauer analysieren, daß all seine besten Freunde mit in sein Spiel verwickelt sind. Aber die Art, wie er Richard und Sally manipuliert hat, ist psychologisch gesehen besonders interessant – wie er sie dazu gebracht hat, nächtelang wach zu liegen und sich ethnographisch korrekte Szenarios über Schreine von Schlangengottheiten und überflutete Dörfer und so weiter auszudenken. Was den Stücken einen von maßgeblicher Seite bestätigten und nebenbei höchst exotischen Reigen von Herkunftsgeschichten verleiht. Das ist äußerst nützlich für ihn, seien die Stücke nun echt oder absolut schamlose Fälschungen.«

Die Diskussion kreiste danach weiter um die »Verführungshypothese«, wobei auch Anthony Graftons Bemerkung, daß Fälscher und Kunstkritiker »durch alle Zeiten hindurch miteinander verschlungen sind wie Laokoon und seine Schlangen«, zitiert wurde. Schließlich kehrte sie wieder zu rechtlichen Fragen zurück. Jeremy erwähnte einen Bericht in der Zeitschrift *Gentle-*

men's Quarterly – den er, wie er sich zu erklären beeilte, an diesem Morgen im Wartezimmer seines Zahnarztes gelesen hatte.

»Ein Mann namens Robert Trotter verkaufte amerikanische Volkskunst aus dem neunzehnten Jahrhundert, die er in seinem Atelier herstellte. Die Gemälde waren immer unsigniert und wurden jeweils für mehrere tausend Dollar verkauft, so daß er einen hübschen Gewinn machte. Doch nach einer Weile überstieg seine Gier die Vorsicht, und er beschloß, ein Bild zu signieren. Er konnte der Versuchung nicht widerstehen, einen Namen zu benutzen, der zu der Zeit ab 350 000 Dollar aufwärts gehandelt wurde, und damit überschritt er eine juristisch kritische Grenze und landete im Gefängnis. Er war vom Stehlen eines Malstiles zum Diebstahl eines Eigennamens übergegangen, und das machte einen großen Unterschied. Dem Artikel zufolge ist er der erste Amerikaner in der Geschichte, der wegen Kunstfälschung ins Gefängnis kam.«

Jeremys Bericht löste eine Debatte darüber aus, wie bedeutend die Art von Kunst war, um die es bei Fälschungsfällen ging. Künstlerische Traditionen, in denen Namen und Signaturen weniger Bedeutung hatten, brachte Palmer Wright ein, hätten einen anderen rechtlichen Status als die meisten Gemälde und Skulpturen, die in den kunstgeschichtlichen Lehrbüchern zu finden seien.

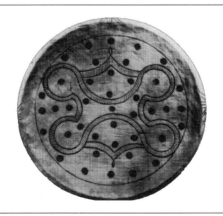

Professor Vanderkunst fügte an, daß »primitive« Kunst in dieser Hinsicht überhaupt nur begrenzt zähle. Mit einer Geste in Richtung der Kästen mit den Dias, die wir zu Beginn des Seminars gezeigt hatten, riet er uns mit einigem Nachdruck, »auf keinen Fall jemals die totale Verachtung zu unterschätzen, die die meisten konservativen Kunsthistoriker der Hauptrichtungen für die Art von Kunst, die Sie studieren, empfinden.«

Professor Hertzman wies anschließend darauf hin, daß unser Fall sich juristisch gesehen in Frankreich abspielte und daß die betreffende Gesetzgebung alles andere als identisch mit der in den Vereinigten Staaten war. »Ich bin mir nicht mehr über die genauen Bestimmungen sicher, aber ich glaube, daß zwischen Privatleuten alles erlaubt ist. Jeremys Fall entschied sich anhand der Frage, ob das Werk signiert war oder nicht. Ich glaube, daß in Frankreich die rechtliche Wasserscheide darin besteht, ob es an Privatpersonen oder an den Staat verkauft wurde. Wenn es stimmt, was ich sage, und wenn Ihr Händler sich irgendwie als Fälscher erweist, sind seine Verkäufe an seine Freunde – egal, in welcher betrügerischen Absicht – völlig legal, aber sein Geschäft mit dem staatlichen Museum würde den Tatbestand des Betrugs oder der arglistigen Täuschung erfüllen.«

John Murphy, ein ehemaliger Journalist, der nun Anthropolo-

gie studierte, meldete sich an dieser Stelle zu Wort und fragte nach der Bedeutung der »JM-Verwicklungen« in diesem Zusammenhang. Janet Malcolms Buch *The Journalist and the Murderer*, erklärte er, habe zu einem verschlungenen und recht faszinierenden Knäuel an rechtlichen und ethischen Fragestellungen geführt, und zwar durch seine Kritik an dem Buch des Journalisten Joe McGinniss über den verurteilten Mörder Jeffrey MacDonald. Verschiedene Beobachter, darunter Jessica Mitford, hatten Janet Malcolms Motive, über diesen Fall zu schreiben, in Frage gestellt, da diese selbst schon ähnliche Anklagen gegen ihre eigene Arbeit von seiten des Psychiaters Jeffrey Masson erfahren hatte. Malcolm hatte in ihrem Buch McGinniss vorgeworfen, das journalistische Berufsethos verletzt zu haben, indem er sich mit seinem Interviewpartner angefreundet und vorgegeben hatte, an dessen Unschuld zu glauben, während er ihn in seinem Buch als schuldig darstellte. Nach Malcolms Auffassung hatte McGinniss die schmale Grenze zwischen zulässigen beruflichen Beziehungen zwischen Journalist und Interviewpartner (die immer eigennützige Interessen enthalten) und eindeutiger Verstellung und Verrat überschritten.

John berichtete weiter, daß Malcolm bei der früheren Klage, die sich noch in der Berufung befand, vorgeworfen worden sei, Masson in unschmeichelhaftem Licht porträtiert zu haben, indem sie

ihm verleumderische Zitate in den Mund gelegt habe, die sie sich selbst ausgedacht hätte. Ihre Verteidigung konzentrierte sich auf den Unterschied zwischen mündlichen Äußerungen – die ihrer Natur nach fragmentarisch, repetitiv und häufig unzusammenhängend sind – und dem geschriebenen Wort, das den Inhalt und den Tonfall einer Rede in eine Form bringt, die für die Leser nachvollziehbar ist. Eine sklavisch wortgetreue Transkription vom Kassettenrekorder, argumentierte sie, würde auf einer gedruckten Seite nur wie Gestammel wirken. Und es sei allgemein üblich, Widersprüchlichkeiten, Abschweifungen, Wiederholungen und die üblichen Gedankensprünge der normalen gesprochenen Sprache zu glätten und zu filtern.

Malcolm hatte unter anderem geschrieben, daß Masson damit geprahlt habe, das Freudarchiv in einen Ort voll »Sex, Frauen und Spaß« zu verwandeln. Und auf ihren Tonbändern erklärte er tatsächlich, daß er das Archiv als einen Ort für tolle Parties plane, an dem Männer »sich eine flotte Zeit machen« und »Frauen austauschen« würden. Das juristische Problem bei all dem war, ob ihr aus vier Worten bestehendes Zitat eine verleumderische, falsche Wiedergabe dessen war, was er wirklich gesagt hatte.

John fragte, was man daraus für uns ableiten könne, sowohl was unser Verhalten gegenüber Lafontaine betreffe, wenn wir die

Chance erhielten, mit ihm zu sprechen, als auch die Beschränkungen bei der Veröffentlichung der Geschichte – einschließlich Lafontaines Aussagen –, wenn sich herausstellen sollte, daß er die Stücke seiner Sammlung gefälscht hatte? Mehrere der Seminarteilnehmer hatten Janet Malcolms zweiteiligen Artikel im *New Yorker* gelesen, und Professor Hertzman konnte eine Zusammenfassung der verschiedenen Reaktionen darauf wiedergeben, die in einer Sonderausgabe der *Columbia Journalism Review* abgedruckt worden waren. Nach einer längeren Debatte kam es zu dem allgemeinen Konsens, daß normale Freundlichkeit gegenüber Lafontaine, wenn wir ihn endlich treffen würden, die moralisch akzeptablen Grenzen nicht überschreiten würde, solange wir ihn nicht glauben ließen, daß wir bereit seien, die angebliche historische Herkunft seiner Sammlung zu beglaubigen. Und die Richtlinien für akademische – im Gegensatz zu journalistischen – Veröffentlichungen, darüber schienen sich alle einig zu sein, erforderten eine wahrheitsgetreue Wiedergabe von Sinn und Tonfall von Aussagen, aber nicht im Sinne einer wörtlichen Abschrift. Rosemary übertrug diesen Schluß auf die Anthropologie: »Wenn an unsere Disziplin solche Beweisanforderungen gestellt würden, wie Massons Klage sie scheinbar auferlegen will, weiß ich nicht, wie wir überhaupt existieren könnten.«

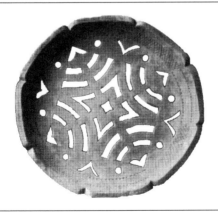

Peter Sherwood, der immer verärgerter dreinblickte, je weiter die Diskussion sich von seinem Fachgebiet entfernte, fand schließlich einen Weg, sie wieder auf sein Territorium zu lenken, indem er eine andere Serie im *New Yorker* erwähnte – über die Intrigen um einen »noch grünschnäbeligen Kunsthändler« aus Indianapolis namens Peg Goldberg und einige erstaunliche byzantinische Mosaiken. Dieses Beispiel wiederum, fügte er hinzu, erinnere an den Cellinikelch, der in unserem Kontext von Interesse sein könne.

In einem kunstgeschichtlichen Seminar, bemerkte er, sei es kaum noch nötig, diese Geschichte von dem außergewöhnlichen Gefäß zu erzählen, das zuerst als Werk des Renaissancekünstlers Benvenuto Cellini berühmt wurde, dann später einem Goldschmied aus Delft namens Jacopo Biliverti zugeschrieben wurde und vor kurzem erst als eine Fälschung entlarvt wurde, die im neunzehnten Jahrhundert von dem Sohn eines deutschen Schlossers angefertigt worden war, dem berüchtigten Reinhold Vasters. »Ich will Sie nicht mit den Einzelheiten langweilen«, sagte er und wandte sich an uns. »Aber ich glaube, wenn Sie Joseph Alsops Bericht über die Nachforschungen lesen, verstehen Sie vielleicht ein wenig besser, was zu einer verantwortungsvollen Expertise gehört. Sie müssen sie durch Laborergebnisse unterstützen kön-

nen, und die Untersuchungen können sich jahrzehntelang hinziehen, bevor ein endgültiges Ergebnis erreicht wird. Wie können Sie davon sprechen, eine Zuschreibung vornehmen zu wollen, indem Sie mal eben mit einem Schlüssel ihres Schlüsselbundes an ein paar verrosteten Nägeln herumkratzen? Wo sind die Archive, die Sie nach eventuellen schriftlichen Dokumenten durchforsten müßten? Was ist mit Röntgenaufnahmen und Mikroskopie und Ultraviolettstrahlung? Wenn es, wie Sie behaupten, keine Unfehlbarkeit im ›Auge‹ des Kenners gibt, welche Art von Wissenschaftlichkeit haben Sie dann statt dessen anzubieten?«

Rich gab die Antwort, die für jeden Anthropologen auf der Hand lag.»Sie haben Recht mit dem, was Sie sagen, Peter, aber wir haben einen Vorteil, der es uns gestattet, all das beiseite zu lassen. Im Unterschied zu Renaissanceforschern haben wir die Möglichkeit – wenn alles gutgeht –, mit wenigstens einem der Hauptakteure in diesem Fall zu sprechen. Und wenn wir es schaffen, mit Lafontaine zu reden, haben wir allen Grund zu der Annahme, daß er etwas sagen wird, das uns hilft zu entscheiden, was da wirklich vor sich geht. Ist er ein legitimer Händler, der eine spektakuläre Sammlung mittels einer Kombination aus Glück und Schlauheit angehäuft hat? Oder ein Bastler, der einfach zuviel des Guten bei seinen Restaurierungs- und Reparaturarbeiten tut? Ist er ein be-

sessener, begabter Fälscher? Oder vielleicht der Komplize eines Fälschers aus, sagen wir, Paramaribo? Vielleicht ist er auch nur ein mehr oder weniger unschuldiger Hehler. Wir sind recht zuversichtlich, daß ein Gespräch mit ihm die Hinweise geben würde, die wir brauchen. Als Anthropologen haben wir schon immer die Position vertreten, daß das Sprechen mit Menschen so manche Tür öffnet.«

Das Seminar lief schließlich in ein paar diffusen, hin und her verlaufenden Argumentationen aus, und wir gingen zum Wein und den Plastikbechern über. Es war eine äußerst anregende Sitzung gewesen.

Wir gingen gemeinsam mit Manolo, der über Nacht blieb, zu unserem Apartment zurück. »Es gibt da noch etwas anderes, das ich euch zu dieser ganzen Geschichte sagen möchte«, bemerkte er plötzlich. »Ich wollte es im Seminar nicht ansprechen, aber es ist wichtig.« Er überlegte einen Moment.

»Ich möchte, daß ihr wesentlich vorsichtiger seid, als ihr glaubt, sein zu müssen. Wenn ihr wirklich die Chance erhaltet, euch mit Monsieur Lafontaine zu treffen, solltet ihr das besser an einem öffentlichen Ort tun. Alles, was ihr über ihn erzählt habt, deutet

auf die Möglichkeit hin, daß er schwer gestört sein könnte, daß er emotional labil und eventuell ziemlich gefährlich ist. Wenn man bedenkt, was ihr vorhabt, könntet ihr recht leicht einen Gewaltakt provozieren. Ich will euch dazu eine kleine Geschichte erzählen.

Vor einigen Jahren sandte mir die Kirche einen Patienten zur Beurteilung – einen Polizisten, der behauptete, ihm sei die Heilige Jungfrau erschienen und der daraufhin Priester werden wollte. Ich hatte mehrere Sitzungen mit ihm, und jedesmal, wenn ich ihn sah, faszinierte mich der Fall mehr. Es wurde zu einer Art Obsession. Ich wußte, daß ich besser aufhören sollte. Meine gesamte Ausbildung und alle Erfahrungen in meiner zwanzigjährigen therapeutischen Praxis sagten mir, daß ich genügend wußte, um ein Gutachten für die Kirche erstellen zu können und anzuregen, daß der Mann eine Behandlung brauchte. Aber ich konnte mich nicht davon abhalten weiterzubohren.

Eines Tages ließ ich mich von ihm zu dem Ort führen, an dem er die Vision gehabt hatte. Es war eine Kirche. Er trug seine Uniform mit seinem Dienstabzeichen und allem drum und dran. Er führte mich direkt zum Altar und begann, unverwandt am Rock einer Statue der Jungfrau hinaufzustarren. Als ich ihn ansprach, rastete er aus. Er war einfach nicht da. Er war mit dem Altarbild

verschmolzen und konnte innen und außen nicht mehr auseinanderhalten. Und dann zog er seine Waffe und fuchtelte damit herum, brüllend und gestikulierend. Noch nie in meinem Leben hatte ich eine solche Angst.

Ich weiß noch, wie ich zitterte, als ich Estrella an diesem Abend davon erzählte. Und ich zittere immer noch, wenn ich daran denke. Ich sage mir immer wieder: ›Du hättest es besser wissen müssen!‹ Aber etwas in mir ließ mich weitermachen.

Deswegen habe ich auch Angst um euch. Ich merke nämlich, daß ihr denselben Drang habt, einer Sache auf den Grund zu gehen. Und wenn der Mann von einem ähnlichen Kaliber ist, könnt ihr wirklich in Gefahr geraten.«

Seine Geschichte ernüchterte uns, und wir versprachen, vorsichtig zu sein. Aber wir waren nicht davon überzeugt, daß sein Polizist so viel Ähnlichkeit mit unserem Kunsthändler hatte, wie er glaubte.

Am nächsten Wochenende fuhren wir nach New York, um uns mit Stewart J. Wilson zu treffen, einem Museumsanthropologen, der sich bereit erklärt hatte, unsere Fotos anzusehen und uns wenn möglich einen fachlichen Rat zu geben. Nachdem wir eine

Stunde lang verschiedene Aspekte des Rätsels beleuchtet hatten, fragte er uns plötzlich ein wenig besorgt, ob wir schon einmal darüber nachgedacht hätten, warum wir mit unseren Nachforschungen weitermachen wollten. Hatten wir nicht schon den zweiten Ankauf verhindert und unsere berufliche Pflicht erfüllt, indem wir alles, was wir wußten, mit der Museumsdirektorin geteilt hatten? Und selbst, wenn wir noch mehr herausfanden, was wollten wir dann mit diesen Informationen *anfangen*? Gab es nicht Dinge, die man besser nicht wissen sollte?

Als er sich verabschiedete, fiel ihm noch ein Buch ein, das wir zu Rate ziehen konnten. »Ich glaube, es wurde in den Zwanzigern veröffentlicht und von einem französischen Archäologen verfaßt, der sich mit Fälschungen und Nachbildungen beschäftigte. Der Autor hat so einen aristokratischen Namen, Pradelles de la Tour oder so ähnlich – und der Titel des Buches lautet in etwa *La fraude archéologique dans la préhistoire*.«

In der Marquand Art Library machten wir den von Wilson empfohlenen Band ausfindig: A. Vayson de Pradenne, *Les fraudes en archéologie préhistorique, avec quelques exemples de comparaison en archéologie générale et sciences naturelles.*

Der erste Teil dieses siebenhundertseitigen Wälzers war berühmten und weniger berühmten Fälschungsfällen der Geschich-

te gewidmet, wobei jeder Fall nach derselben Abfolge verschiedener Phasen beschrieben wurde: (1) »Der Stand der Wissenschaft und des allgemeinen Geisteslebens der Epoche, bezogen auf Zeit und Ort der Fälschung«; (2) »Ursprung, Wesen und Entwicklung der Fälschung«; (3) »Die Entdeckung der Fälschung«; (4) »Das Ende der Affäre«.

Was aber unsere besondere Aufmerksamkeit erregte, waren die Überlegungen des Autors zur Psychologie des Betrugs, die sich nacheinander auf »die Geisteshaltung« derjenigen richteten, »die das menschliche Element bei Fälschungen ausmachen: der Fälscher, der maßgeblich beteiligte Leichtgläubige, der Enthüller, die wissenschaftliche Öffentlichkeit und die Laienöffentlichkeit«.

In bezug auf den Fälscher erging sich der Text in einiger Ausführlichkeit über »Mythomanie«, das heißt die Erfindung und den Glauben an ungewöhnliche Geschichten, die mit der materiellen Fälschung einhergehen, und zog den Schluß, daß die Hauptmotive dafür »Eitelkeit, Boshaftigkeit und Habgier sind – der Fälscher will durch eine sensationelle Entdeckung schmeichelhafte Aufmerksamkeit auf sich lenken, andere täuschen, um sich über ihre Dummheit freuen zu können, und zu Geld kommen. Diese Motive, die auch jeden normalen Menschen bewegen können, treiben einen Mythomanen zu Fälschung und Betrug.« Und was

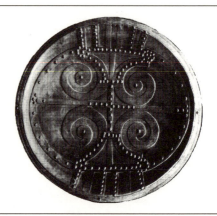

den Glauben des Fälschers/Mythomanen an seine eigenen Geschichten betrifft, »so wird oft gesagt, daß man, um andere vollständig von etwas überzeugen zu können, selbst vollständig überzeugt sein müsse. Aber tatsächlich scheint es der brennende *Wunsch*, überzeugen zu *wollen*, zu sein, der vorhanden sein muß. Einem solchen Wunsch begegnet man auch oft bei ernsthaften und ehrlichen Menschen – daher der obengenannte Ausspruch. Aber man begegnet ihm genausooft, wenn nicht sogar öfter, bei Mythomanen, was vermutlich ihren Erfolg erklärt.

Bei einem gewöhnlichen Lügner ist oft ein Element der Angst, ein durch Vorsicht hervorgerufenes Zögern, vorhanden, das die Überzeugungskraft unterminiert. Aber der Mythomane entwickelt bei seinen Lügen eine furchtlose Leidenschaftlichkeit, die leicht mit aufrichtigem Engagement verwechselt werden kann.«

Als nächstes richtete der Autor seinen analytischen Scharfsinn auf den leichtgläubigen Wissenschaftler, die leichte Beute, und untersuchte, warum es für diesen so schwierig ist, den Betrug zu »erkennen«: »In den meisten Fällen handelt es sich nicht um ein völliges Aussetzen seiner kritischen Fähigkeiten, sondern um eine spezifische und vorübergehende Fehlleistung – eine örtliche Betäubung, wenn man so will.« Wodurch aber wird diese Fehlleistung ausgelöst?

»*Gefühle* sind es, die das kritische Urteilsvermögen lähmen – oder besser gesagt, seinen Zugang zu einem bestimmten Bereich versperren ... insbesondere der Wunsch, eine Reihe von persönlichen Überzeugungen bestätigt zu bekommen ... Die meisten Menschen haben Gefühle, die das Verlangen nach Wahrheitsfindung überlagern, und das gilt in gleichem Maße für Wissenschaftler und für wissenschaftliche Wahrheiten ... Der dringende Wunsch, einen *persönlichen Standpunkt bestätigt zu sehen*, kann bei bestimmten Persönlichkeiten, die ansonsten recht begabt sein mögen, ein mehr oder weniger vollständiges Versagen des kritischen Urteilsvermögens auslösen.«

Einige der anregendsten Passagen des Buches beschäftigten sich mit der Beziehung zwischen dem Fälscher und seinem Opfer. Indem er sich einer Jagdmetapher bediente, beschrieb Vayson, wie der Fälscher versucht, soviel wie möglich über die Wünsche und Vorlieben des zu Täuschenden herauszufinden.

»Bei den Jagdkünsten des Fischens und Fallenstellens ist der Köder von entscheidender Bedeutung. Er muß den speziellen Appetit des Jagdwildes reizen; mit dem richtigen Köder kann die gröbste Falle zu einer ausgezeichneten Vorrichtung werden. Genauso hat ein Fälscher alle Aussichten auf Erfolg, wenn er durch Berechnung oder schlichtes Glück ein Objekt anbietet, das

irgendeine Lieblingstheorie des Opfers bestätigt. Manchmal eilt ein Opfer sogar von alleine herbei, um auf einen gutgewählten Köder anzubeißen, auch wenn dieser gar nicht speziell für es ausgelegt wurde.«
Der Absatz endete mit einer Anspielung auf eine besondere Jagdtechnik, mit der in Frankreich auf dem Lande Vögel gefangen werden. »Lerchen fliegen von weither auf einen Spiegel zu«, lautete der Satz. Wir eilten zu unserem Französischwörterbuch und fanden den Lerchen-Spiegel-Zusammenhang ohne Schwierigkeiten. Ein *miroir aux alouettes* wurde zum einen als eine Vorrichtung erklärt, die aus einer beweglichen Tafel mit kleinen Spiegeln besteht, die in die Sonne gedreht werden, um durch die Lichtreflexion die Vögel anzuziehen, und zum anderen als etwas, das täuscht und fasziniert. Unser französisch-englisches Wörterbuch übersetzte den Ausdruck mit den englischen Begriffen für »Köder«, »Lockung« oder »Falle«. Wir hatten den Eindruck, auf etwas Interessantes gestoßen zu sein, und machten uns spontan Notizen über Spiegel (Reflexion, Widerspiegelung, Spiegelbild, Abklatsch, Illusion, schmeichelhafte Lügen) und suchten nach Assoziationen und weiteren Bedeutungen für das englische Wort »lark«, »Lerche«. Unsere englischen Wörterbücher riefen uns in Erinnerung,

161

daß »to lark« als Verb »jemandem einen Streich spielen«, »einen Jux machen«, »herumalbern« oder »herumtoben« bedeutet. Und als Substantiv heißt es »gutmütiger Scherz«, »Ulk«, »spaßiges, ausgelassenes Abenteuer«. Der *Oxford English Dictionary* bot wie üblich einen gelehrten Hinweis auf die Herkunft des Wortes. Die genaue Etymologie ist demnach unbekannt, doch einige der altenglischen Formen und das altnordische Wort *lávirke* deuten auf eine Interpretation im Sinne von »Intrigant« oder »Verräter«.

Vayson schloß sein Buch mit einem Aufruf zur Wachsamkeit: »Wir sollten an dem Bestreben, Fälschungen zu bekämpfen, festhalten, aus der Vergangenheit lernen und uns die Überzeugung bewahren, daß ihnen nie ernst zu nehmender oder längerfristiger Erfolg beschieden sein wird. Aber wir sollten uns auch nicht der Illusion hingeben, daß sie, solange es Menschen gibt, vom Erdboden verschwinden werden. Aber wir können uns über die Unannehmlichkeiten von Fälschungen mit dem Gedanken hinwegtrösten, daß sie manchmal eine nützliche Rolle bei der Erweiterung menschlichen Wissens spielen.«

Die Post brachte gute Neuigkeiten: Stipendien, die uns eine Forschungsreise nach Französisch-Guayana ermöglichen würden.

Aber zunächst flogen wir zu einer Konferenz nach Paris. Dort trafen wir uns mit dem Anthropologen, der als offizieller Berater der Museumsleiterin in Cayenne fungierte, und beschrieben ihm bei einem Kaffee in groben Zügen, was wir bisher herausgefunden hatten. Sein Rat ähnelte dem von Stewart Wilson, wenn er vielleicht auch einer engeren Vertrautheit mit der Situation entsprang. Ob es nicht besser für alle Beteiligten sei, fragte er, wenn wir die Sache einfach fallenließen? Die Direktorin habe nun alle Informationen, die sie brauche, und eine schlechte Publicity für die Sammlung des Museums könne sich zu diesem Zeitpunkt als äußerst kontraproduktiv erweisen. Und überhaupt, beharrte er, habe das alles ja wohl sehr wenig mit dem vergleichenden Forschungsprojekt über Museen zu tun, an dem wir gegenwärtig arbeiten sollten.

Doch kein Ratschlag von irgendeiner Seite, egal wie vernünftig und überzeugend er auch sein mochte, hätte uns zu diesem Zeitpunkt noch zurückhalten können. Wir mußten einfach weitermachen. Zum ersten Mal würden wir unabhängig von der Museumsdirektorin arbeiten und nur mit unseren eigenen Forschungen beschäftigt sein. Wir teilten ihr telefonisch mit, daß wir bald nach Französisch-Guayana kommen würden, erwähnten aber nicht, daß wir vorhatten, Lafontaine zu treffen. Am selben Tag riefen

wir auch Monsieur Revel an und erhielten von ihm Lafontaines Geheimnummer.

Sally rief ihn an und fragte, ob wir ihn Anfang August besuchen könnten. Die Stimme am anderen Ende hatte einen starken mediterranen Akzent, und nachdem Sally sich vorgestellt hatte, wurde sie hörbar nervös. Leider, sagte Lafontaine, sei er zu dieser Zeit in Europa, um Kunstgegenstände zu verkaufen, die er in Berlin und in Frankreich gelagert habe.

Er legte Wert darauf, uns wissen zu lassen, daß »kaum fünf Minuten« vergangen seien, nachdem das Museum die Stücke im Depot abgelehnt hatte, als er sie auch schon an einen anderen Interessenten – und zwar in Französisch-Guayana – verkauft habe. Nur aus Solidarität mit dem Museum habe er sie zuerst dort angeboten; er habe bestimmt keinen Mangel an ernsthaften Interessenten. Was die Objekte betreffe, die er auf seine bevorstehende Reise mitnehmen werde, beeilte er sich zu versichern, so seien seine Papiere »wie immer hundertprozentig in Ordnung«. Sally hatte mit keiner Silbe angedeutet, daß sie das nicht seien.

Als sie gezielt nach dem Kanubug, der Maske und dem Phallus im Saramakastil fragte, antwortete Lafontaine, daß die Stücke

»natürlich« längst verkauft seien. »Aber zufällig«, fügte er einen Moment später hinzu, »habe ich noch eine zweite Maske und bekomme vielleicht sogar noch eine dritte. Die zweite ist nicht ganz so alt wie die, die Sie gesehen haben, aber sie ist sehr interessant – sie hat eine dreieckige Form und Einlegearbeiten aus Knochenfragmenten.« Die erste Maske, sagte er, sei vor neunzehn oder zwanzig Jahren in Französisch-Guayana entstanden; die zweite stamme aus Suriname und sei jüngeren Datums.

Im Verlauf des Gesprächs erwähnte Sally, daß es in den Vereinigten Staaten ein wachsendes Interesse an Maroonkunst gebe. »Das müssen Sie mir nicht erzählen!« entgegnete er. »Ich weiß sehr gut, wie begierig die Leute sind, solche Sachen zu kaufen.« Sally drückte ihr Bedauern darüber aus, daß wir uns nicht mit ihm treffen konnten, gab ihm unsere Telefonnummer und sagte, daß wir uns freuen würden, ihn irgendwann nach seiner Rückkehr aus Europa zu sehen. »Vielleicht«, antwortete er, »aber Sie sollten wissen, daß die Ärzte mir eine fünfzigprozentige Chance geben, daß ich zurückkomme.«

Da unsere Neugier nun noch mehr angestachelt war, beschlossen wir, schneller und entschiedener vorzugehen. Am nächsten Tag buchten wir einen Flug für die darauffolgende Woche. Wir riefen Lafontaine zwei Tage vor unserem Abflug an, sagten ihm, daß ein

neues Forschungsprojekt uns nach Cayenne bringen werde, und fragten, ob wir nicht einen Termin finden könnten, uns zu treffen. Nervöser klingend denn je, sprach er vage von einem Ausflug unbestimmter Dauer in das Landesinnere Französisch-Guayanas und vermied es, sich in irgendeiner Weise festzulegen.

Dennoch war es ein sehr höfliches Gespräch mit vielen gegenseitigen Komplimenten, und er forderte uns auf, ihn nach unserer Ankunft anzurufen. Wenn er gerade da wäre, sagte er, sei er gern bereit, sich mit uns zu treffen. Er betonte schließlich erneut seinen schlechten Gesundheitszustand und sagte, daß er daran denke, Französisch-Guayana für immer zu verlassen, sobald er das letzte Stück seiner Sammlung verkauft habe. Er habe nicht mehr viel, aber es gebe immer noch zwei oder drei Tabletts, »ganz ähnlich wie einige in Ihrem Buch«, fügte er hinzu, die uns vielleicht interessieren könnten.

»Nur so aus Neugier«, fragte er, bevor wir uns verabschiedeten, »was genau ist der Grund, aus dem Sie mich sehen wollen?«

Sally antwortete, daß jeder, mit dem wir in Cayenne gesprochen hätten, ihn als *den* Experten für Maroonkunst genannt habe. Da er und wir also offenbar eine gemeinsame Vorliebe teilten, schiene es nur angebracht, daß wir uns einmal kennenlernten.

Er protestierte bescheiden, daß es kein besonderes Verdienst

sei, der Beste auf diesem Gebiet zu sein, da es keine anderen ernsthaften Sammler in Cayenne gebe, und daß seine Kenntnisse im Vergleich zu den unseren verschwindend gering seien. »Übrigens, ich hoffe ich bin nicht zu indiskret«, fuhr er fort, »aber dürfte ich fragen, was das für ein Projekt ist, das Sie nach Französisch-Guayana führt?«

Sally erzählte etwas von weiterführenden Saramakaforschungen und erwähnte, daß wir ein Buch hätten, daß wir ihm gerne zeigen würden. Er prahlte erneut damit, daß die Stücke, die das Museum nicht gekauft hatte, sofort von einem Käufer ergattert worden seien, der sie mehr zu schätzen gewußt habe, und bemerkte noch, daß er selbst dem Museum eine Sammlung von höchster Qualität hätte liefern können, wenn es nicht soviel von seinem Budget für irgendwelche Anthropologen und deren Flugtickets und Hotelzimmer und Expeditionen ausgegeben hätte.

Wir hatten einen Flug mit Air Martinique gebucht, aber was wir dann bestiegen, war eine jadegrüne 727 ohne Aufschrift, die sich als ehemaliger Braniff-Jet herausstellte, den Air Martinique gemietet hatte und der von einer »Expreß-Crew« aus Dallas geflogen und von Flugbegleitpersonal bedient wurde, das die Si-

cherheitsanweisungen in einem gedehnten Texasenglisch und Schulspanisch wiederkäute. In Französisch-Guayana angekommen, mieteten wir einen Wagen und sahen uns das kombinierte Sommerlager und Waisenheim an, wo die Direktorin des Museums freundlicherweise ein Zimmer für uns reserviert hatte. Es lag weit vom Stadtzentrum entfernt und wimmelte von feriemachenden Schulkindern, das Zimmer war mit zwei einzelnen Feldbetten ausgestattet, und die Duschen befanden sich auf dem Flur. Wir beschlossen, uns lieber ein Zimmer zu suchen, das mehr zu unserer Rolle als Privatdetektive paßte.

Auf halber Strecke zurück nach Cayenne fuhren wir an einem kleinen Hotel vorbei, vor dem eine Gruppe haitianischer Männer herumlungerte, entschieden uns aber dagegen anzuhalten, weil es sich vermutlich um ein Bordell handelte, das möglicherweise nicht sicher genug für einen unbeaufsichtigten Laptop wäre. Als nächstes kamen wir zu einem anderen kleinen Hotel an der Straße, das sich »Chez Ginette« nannte und einen tadellos respektablen Eindruck machte. Die eifrige junge Kreolin an der Rezeption führte uns in ein ruhiges, nach hinten gelegenes Zimmer, zeigte uns, wie man die Klimaanlage und das Telefon bediente, und zog sich dann zurück. Wir packten unsere Koffer aus und bereiteten uns darauf vor, Monsieur Lafontaine anzurufen.

Nach seiner Reaktion bei unserem letzten Anruf von Martinique aus hatten wir ständig vor der unangenehmen Frage gestanden, ob unsere Reise nicht ganz umsonst sein würde. Deshalb war Sally diesmal völlig von seinem Ton überrascht. Er war zuckersüß. »Ich stecke mitten in einer Bestandsaufnahme meiner Sammlung«, seufzte er, »und hier sieht es furchtbar aus. Aber wenn Sie das nicht stört, wäre es mir eine Freude, Sie zu empfangen. Geben Sie mir eine halbe Stunde; sagen wir um fünf?« Er beschrieb uns den Weg zur Résidence Les Balisiers, einem modernen Apartmentblock am Rande Cayennes, der nur durch einen Parkplatz von einem der größten Supermärkte der Stadt getrennt war. »Nummer F-4, aber ich komme lieber herunter und treffe Sie auf dem Parkplatz. Heutzutage ist es ja nicht mehr verpönt zu hupen.«

Ehe wir uns auf den Weg zu unserem Rendezvous machten, meldeten wir uns bei der Museumsdirektorin und gaben ihr unsere Telefonnummer für den Fall, daß sie irgendwelche Nachrichten für uns erhielt oder uns aus sonst einem Grund erreichen mußte. Kaum zwei Minuten später klingelte das Telefon. Es war eine Rechtsanwältin aus Washington, die vor kurzem zusammen mit Rich an einem Suriname betreffenden Menschenrechtsprozeß

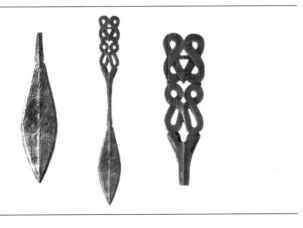

teilgenommen hatte. Wir hatten ihr ein wenig über unser gegenwärtiges Projekt erzählt und ihr die Telefonnummer des Museums als Kontaktnummer gegeben. Als sie hörte, daß wir gerade »unseren« Sammler besuchen gehen wollten, bat sie Rich inständig, Vorsicht walten zu lassen. Wir hätten es mit einem potentiell gefährlichen Mann zu tun, warnte sie. Das gab uns wieder zu denken. Wir wußten, daß sie recht haben konnte.

Fünf Uhr. Bewaffnet mit einer Plastiktüte, in der sich eine Luxusausgabe von Stedmans *Narrative* mit der Inschrift »Für Monsieur Lafontaine« (dessen Vornamen wir immer noch nicht kannten) befand, entschieden wir uns, nicht zu hupen, und fuhren statt dessen in eine Einfahrt, die die Einfahrt F von Les Balisiers zu sein schien. Wir begannen, uns wie Detektive in einer billigen Fernsehserie zu fühlen.

Monsieur Lafontaine kam uns auf halber Treppe entgegen – er mußte vom Fenster aus nach uns Ausschau gehalten haben. Nachdem wir einen schmalen, dunklen Flur mit brasilianischem Federschmuck an den Wänden passiert hatten, wurden wir eine enge Wendeltreppe hinunter in ein Wohnzimmer geführt. Die Einrichtung war eher schäbig – ein billiges, modernes Sofa, ein Couch-

tisch mit Glasplatte und zwei lederbezogene Freischwingersessel. Die wichtigen Gegenstände im Zimmer lagen auf dem Parkettfußboden ausgebreitet und hingen zu allen Seiten an den Wänden: Kopfputze, Brustharnische, Masken, Paddel, Kämme, Tabletts, Halsketten, Armbänder, Hörner und ein paar brasilianische Statuetten aus der Kolonialzeit. Außerdem Federn in leuchtenden Farben (Feuerrot, Meergrün, Sonnengelb, Schneeweiß), die aussahen, als seien sie gerade eben aus dem Gefieder gesunder, tropischer Vögel gerissen worden. Hirschklauen, Jaguarzähne, Knocheneinlegestücke, Ziernägel in allen Größen, gemaserte, mit Porzellanerde imprägnierte Hölzer, Bänder aus Pflanzenfasern, Eberhauer, Knochenscheiben, Pflanzenschoten, als Schmuckperlen verwendete Beeren, Kaurimuscheln und Baumwollquasten. Nahm diese üppige Ansammlung trotz unseres Besuchs den gesamten Fußboden ein oder gerade deswegen?

Wir erkannten unseren Gastgeber nach dem Foto wieder, das wir im vergangenen Jahr gesehen hatten. Sogar seine Kleidung war ähnlich – das geblümte Polyesterhemd stand fast bis zum Gürtel offen, und eine Indianerhalskette mit Jaguarzähnen lag eng um seinen Hals. Seine Hosen saßen ebenfalls eng, und an den Füßen trug er Zehensandalen aus Plastik. Die Anspannung, die wir schon am Telefon wahrgenommen hatten, kehrte zurück, als

er sich zwischen den Kunstgegenständen hin und her bewegte und einen nach dem anderen in die Höhe hielt, um unsere Bewunderung zu erheischen. Er erschien uns ein wenig älter, als wir erwartet hatten.

Alle drei schwitzten wir ausgiebig. Er klagte über die drückende Hitze und entschuldigte sich dafür, daß im Gebäude oft der Strom ausfiel, so daß es ohne Klimaanlage zu einer stickigen Gruft wurde. Unzuverlässige Wartung war ein Aspekt des Lebens in den Tropen, den wir zur Genüge von Martinique her kannten, aber wir verstanden nicht, warum er alle Fenster geschlossen hielt.

Es dauerte nicht lange, bis er das Thema seiner schwachen Gesundheit ansprach. »Mein Arzt gibt mir nur eine fünfzigprozentige Chance, von meiner Reise nach Europa in diesem Sommer zurückzukehren«, verkündete er fast stolz. Durch sein krankes Herz gezwungen, fuhr er fort, beeile er sich, seine Angelegenheiten zu ordnen, seine Sammlung zu verkaufen und die nötigen Vorkehrungen in Frankreich zu treffen, damit seine alte Mutter nach seinem Tod versorgt sei.

Sally zog das leinengebundene Buch aus ihrer Tasche und reichte es Lafontaine. Er wirkte unsicher. »Sehr schön! Kann ich es ein paar Tage behalten? Was? Für mich? Oh, wie nett von Ihnen!«

Daraufhin verkündete er beinahe sogleich, daß er zufällig eine Flasche kalt gestellt habe, eilte in die Küche und kehrte mit Champagner und drei Flötengläsern zurück. Während wir in kleinen Schlucken tranken, verfolgten wir die Strategie, die wir im voraus geplant hatten. Was bedeutete, ihn mit reichlich Schmeicheleien zu überhäufen, ein deutliches Interesse an seinen Geschichten über die Objekte zu zeigen und hin und wieder ein Stichwort über Erhaltungs- und Reparaturarbeiten fallenzulassen. Die im Raum verteilten Gegenstände waren willkommene Requisiten für die Diskussion, auf die wir so begierig gewartet hatten. Wir waren mit Lafontaine in einem Spiel gegenseitigen Aushorchens verfangen, das über eine betont lockere Unterhaltung ausgetragen wurde.

Er führte uns zu einer Wand voller Federschmuck und begann einen längeren Kommentar über die wunderbaren Kronen mit den vielfarbigen Schmuckfedern, die plüschigen Harpyienmützen, die vollständigen Tanzausrüstungen mit den dazugehörigen Masken und die gelb-rot-gestreiften Brustharnische, die mit Wespen eingerieben und für Initiationsriten verwendet wurden. »Diese Mütze ist von den Kayapo, sie ist sehr selten ... Ich wette, Sie haben noch nie einen von diesen Wayanabrustharnischen gesehen – sie werden verwendet, um Jungen zu Männern zu machen –,

noch mit all den Wespen daran! Dieses Yanomamistück ist eines meiner liebsten.«

Dann griff er in ein Bücherregal und zog eine vielbenutzt aussehende, ungebundene Monographie auf portugiesisch heraus. »Ich habe das hier vor Jahren in Brasilien gekauft. Es enthält einige Stücke, die manchen von meinen sehr ähnlich sehen, aber meine sind vollständiger und in einem besseren Zustand.« Im Gegensatz zu den im Buch abgebildeten Museumsstücken schien bei seinen Objekten in der Tat keine einzige Feder zu fehlen.

Er gab damit an, erfolgreich Raritäten aus Brasilien herausgeschmuggelt zu haben. Zum Beweis lockerte er seinen Hosenbund und legte eine Halskette aus Federn um seine Hüften. Nachdem er seinen Gürtel wieder geschlossen hatte, fragte er uns, ob wir irgend etwas Verdächtiges bemerken konnten. Später machte er sich die gleiche Mühe, uns das geschickte Verpacken eines Bretts mit Federn mit einem Stück Pappe zu demonstrieren, so daß nur die blanke Rückseite ohne Federn zu sehen war, falls ein Zollbeamter es zur Kontrolle auspacken sollte. Mehrmals erwähnte er auch seine ausgezeichneten Verbindungen zur FUNAI (Brasiliens Behörde zum Schutz der Indianer) und zu verschiedenen Generälen und Obersten. »Gott sei Dank gibt es die Korruption!« sagte er lachend.

Das Pokerspiel ging weiter, das Gespräch bewegte sich oft um Einzelheiten und wurde zu einem Versuchsfeld für ethnographisches Fachwissen. »Wissen Sie, was das hier ist?« fragte er und hielt einen hölzernen, mit grätenartigen Stacheln verzierten Gegenstand in die Höhe. »Das sind Stachelrochenschwänze«, antwortete Rich ohne Zögern. Wir hatten bereits im vergangenen Jahr einige Saramaka wegen einer ähnlichen Reihe rätselhafter weißer Stacheln auf einem Instrument im Lagerraum des Museums befragt. »Sie sehen genauso aus wie die auf den Instrumenten, die wir im Museum gesehen haben. Wußten Sie übrigens, daß Stachelrochen im Surinamfluß und im Pikilio vorkommen, aber nicht im Saramakafluß oder im Gaanlio?« Lafontaine schien dieser kleine ethnographische Punktsieg nichts auszumachen. Im Gegenteil, er wirkte sehr zufrieden, daß wir seinen Test bestanden hatten.

Sally stellte dann eine der Fragen, die sie als Einleitung für ein Gespräch über Restaurierungsarbeiten vorbereitet hatte, ein Thema, das nach ihrer Überzeugung zu nützlichen Offenbarungen führen mußte. »Wie schaffen Sie es bloß, die Federkronen zu reinigen? Sie sehen so unglaublich fein und empfindlich aus!«

»Die Leute denken immer, daß Federn zerbrechlich sind. Aber

wenn man weiß, wie man es anstellen muß, kann man sie einfach mit Wasser und Seife reinigen und mit einem Fön trocknen.«
»Verwenden Sie je einen Pinsel?«
»Einen Pinsel? Ja, natürlich.«
Das war schon so etwas wie ein kleiner Sieg, da er immerhin zugegeben hatte, Arbeiten an den Gegenständen auszuführen. Aber er ging noch weiter. Er führte uns hinaus auf seine Terrasse, wo auf einem grobgezimmerten Tisch diverse Spachtel, Messer, Chemikalien und Pinsel lagen, und erzählte uns, daß er oft Wochen in die Restaurierung eines bestimmten Objektes investieren mußte. »Man muß so viel über Harze, Leime und Honige wissen.« Er begann, über die Musikinstrumente zu sprechen, die das Museum gekauft hatte. Sie seien in einem schlimmen Zustand gewesen, als er sie bekommen habe, sagte er – Einzelteile in Plastiktüten, die alle wieder zusammengesetzt, rekonstruiert und präsentabel gemacht werden mußten. Er habe sie von einem Mann aus Suriname gekauft, der im selben Jahr geboren worden sei wie sein eigener Vater, nämlich 1907. Der Mann, sagte er, habe zwei Söhne, einer im Gefängnis in Caracas, der andere in Belém, beide wegen Mordes, und er verkaufe nach und nach Stücke aus seiner Familiensammlung, um ihr Leben dort erträglicher zu machen. Lafontaine habe einmal ein Notizbuch gezeigt bekommen, das

dieser Mann geerbt habe und in dem die genaue Geschichte jedes Gegenstandes verzeichnet gewesen sei. Leider sei es inzwischen verschwunden. Das komplette Kreolenorchester, das in einem Zeitraum von über zwei Jahrhunderten zusammengestellt worden sei, bestehe aus zweiunddreißig Instrumenten.

Das erste davon, das er vor etwa fünfzehn Jahren erstanden habe, sei das Violoncello gewesen. »Finden Sie den Bogen nicht auch bemerkenswert?« fragte er. »Ein Saramakaschnitzer namens Awali half mir bei der Restaurierung. Er war es, der die spiralförmige Spitze geschnitzt hat. Übrigens hat er erwähnt, daß er Sie kenne.« Awali, fuhr er fort, helfe ihm seit ungefähr zwölf Jahren immer mal wieder bei Restaurierungsarbeiten. Er sei es gewesen, der die Holzstifte zur Reparatur des Höckers angefertigt habe, den das Museum im letzten Jahr gekauft habe, und er erledige öfter kleine Aufgaben ähnlicher Art. Vor Awali habe er einen noch geschickteren Saramakahelfer namens Confard beschäftigt, einen kräftigen, untersetzten Mann, der aber seitdem von Cayenne weggezogen sei.

Lafontaine betonte die vielen Jahre harter Arbeit, die er der Restaurierung der Stücke seiner Sammlung gewidmet habe. Es sei eine reine Arbeit aus Liebe zur Sache gewesen. Bei vielen der Gegenstände aus Holz habe er zerbrechliche Stellen mit einem

dicken Metalldraht verstärken müssen. Der Bart an der Maske sei lose gewesen und habe in jedes Loch neu eingeflochten werden müssen. Und er habe die Tierhaare für die Augenbrauen und den Schnurrbart ersetzen müssen. »Ich hoffe, ich habe die richtigen Borsten verwendet«, sagte er beinahe fragend.

Die Behandlung, die seine Sammlung während ihrer vorübergehenden Aufbewahrung im Museumsdepot erfahren habe, sei schlichtweg skandalös gewesen, erzählte er uns. Einige Stücke seien ihm mit fehlenden oder zerbrochenen Teile zurückgegeben worden. »Geben wir es doch zu«, sagte er einigermaßen aufgebracht, »es ist eben ein *musée nègre*!«

Während er die leere Champagnerflasche in die Küche zurückbrachte, gingen wir zu einer anderen Wand hinüber, um zwei Saramakakämme zu betrachten, die die charakteristische dunkle Färbung aufwiesen, die uns schon im Jahr zuvor so oft begegnet war (20, 68). Wieder zurück, stellte Lafontaine eine ungeöffnete Flasche J & B und eine Flasche Moselwein auf den Couchtisch und rief uns wieder zu seinem Bücherregal. »Diese Kämme«, erklärte er, »sind einem Kamm in diesem kleinen Buch hier sehr ähnlich.« Nach dem zu urteilen, was wir im Regal stehen sahen, beschränkte sich seine Sammlung von Büchern über Maroonkunst auf drei Bände: Jean Huraults *Africains de Guyane*, Philip

Darks *Bush Negro Art* und unser eigenes *Afro-American Arts of the Suriname Rain Forest*. Er blätterte durch Darks Buch, jedoch ohne Erfolg. »Ich glaube, diese Kämme könnten zu den Sachen gehört haben, die ich von ein paar Soldaten bekommen habe, als ich in Suriname war. Das muß 1982 gewesen sein. Die meisten trugen noch ihre Museumsnummern, deshalb versuchte ich, sie so schnell wie möglich loszuwerden.« Wir sahen nach, konnten aber keine Nummern auf den Kämmen entdecken.

»Der Direktor des Museums von Paramaribo, ein älterer Herr, war sehr freundlich zu mir – er spricht ein wenig Französisch und weiß eine Menge über das Hängen. Über die technischen Details, wissen Sie.« Uns wurde klar, daß er über Jimmy Douglas sprach, der tatsächlich den größten Teil seines Berufslebens als Polizeichef verbracht hatte, bevor er den Museumsposten übernahm. »Er erzählte mir, daß er die optimale Formel – das richtige Verhältnis zwischen dem Gewicht eines Mannes und der Länge des Stricks – vor vielen Jahren von seinem Kollegen in Georgetown gelernt habe. Wenn der Strick nämlich zu lang ist, gibt es nur Chaos, und wenn er zu kurz ist, bricht die Halswirbelsäule nicht, und der Verurteilte strampelt mit den Beinen in der Luft und erstickt langsam.« Er lächelte ein dünnes Lächeln. »Jedenfalls bin ich der Meinung, daß unsere Guillotine da eine sauberere Arbeit

leistet!« Wir nickten nur höflich. Immer wieder versicherte er uns, wie oft er auf unseren Kunstband zurückgriff, um die Stücke seiner Sammlung besser zu verstehen.

»So wußte ich auch, daß mein Phallus echt war. Ich hatte Angst, ihn meinen Freunden zu zeigen, weil ich glaubte, daß sie mich auslachen würden. Aber dann konnte ich ihnen diese Stelle zeigen«, sagte er und blätterte die Seiten durch, »an der Sie schreiben – ah, hier ist es, Seite 174, ich habe es angestrichen –, daß junge Männer bei Saramakabegräbnissen Masken aufsetzen und ...« Er pausierte kurz, bevor er sich an die Aussprache der englischen Laute machte: »... einen Tanz mit obszönen Bewegungen und langen hölzernen Penissen aufführen, wobei sie die Kopulation mit Trommeln simulieren und sich den anderen Teilnehmern in gespielt eindeutiger Absicht nähern.«

»Mein Gott!« sagte Sally zu sich selbst und dachte an die groben, ungeschnitzten Stöcke, auf die sich die Passage in Wahrheit bezog. Und dann lauter: »Haben Sie je daran gedacht, kunsthandwerkliche Gegenstände von Saramakafrauen, zum Beispiel Kalebassen oder Textilien, zu sammeln? Ich persönlich finde, sie sind wirklich etwas Besonderes, aber Sammler scheinen sie nie eines Blickes zu würdigen.« Das war ein Appell, den sie schon häufiger angebracht hatte.

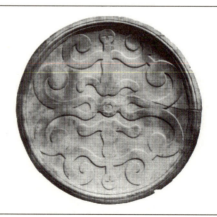

»Madame«, antwortete er, »ich kann nicht für andere sprechen, aber ich selbst habe mich noch nie im geringsten für diese Dinge erwärmen können.«
Wir fragten ihn, ob er je im Saramakagebiet gewesen sei. »Nein«, sagte er, »ich bin nie weiter als bis Paramaribo gekommen. Ehrlich gesagt habe ich auch gar nicht das Bedürfnis, die Stücke in ihren kleinen, strohgedeckten Hütten zu sehen. Außerdem spreche ich weder Niederländisch noch Englisch. Aber ich kann mich auf portugiesisch durchschlagen.«
Während des Gesprächs erwähnte Lafontaine oft seinen kleinen Freundeskreis und dessen große Bedeutung in seinem Leben. Er könne sich immer auf Yves, Claude und Patrick verlassen, egal was komme. Wenn er Geld brauche, würden sie nie Fragen stellen. In ihrem kleinen Kreis würden sie einander bedingungslos vertrauen. Er habe jedem von ihnen schon einige Stücke aus seiner Sammlung verkauft, und sie würden ihm oft in Geschäftsangelegenheiten helfen. Er habe auch viele Sammlerfreunde in Brasilien. Sie würden sich alle untereinander kennen und Kunstgegenstände aneinander weiterverkaufen.
Ein anderer enger Freund, ein Monsieur Breton, habe ihm die Maske, den Phallus und den ganzen Satz der Schlangengottobjekte verkauft. Er sei ein Bergbauingenieur gewesen, der am obe-

ren Maroni nach einem schwarzen Mineral geschürft habe, das in amerikanischen Transistoren verwendet werde. Dort habe er auch die Stücke gesammelt. Er sei vor ein paar Jahren gestorben. Während wir uns unterhielten, wurden die drei Gläser mehrfach geleert und wieder gefüllt. Ein Großteil des Gesprächs drehte sich um Geld. Er erzählte uns von einem Kunden, der es haßte, über Preise zu verhandeln. »Er drückt mir immer einfach eine Papiertüte voller Scheine in die Hand«, sagte Lafontaine. »Sehen Sie sich an, was er mir gestern gegeben hat.« Und die braune Papiertüte war tatsächlich vollgestopft mit Fünfhundert-Francs-Noten.

Manchmal habe er Geld, fuhr er fort, und manchmal eben nicht. Oft habe er sich Geld von der Bank leihen müssen, um brasilianischen Federschmuck kaufen zu können. Und manchmal tue er sich für einen größeren Kauf mit einem Freund in Europa zusammen, mit dem er dann auch den Gewinn nach dem Weiterverkauf teile. Das hätten sie auch bei der Kassawamühle so gemacht.

»Aber ich habe mich ganz gut durchgesetzt inzwischen«, stellte er fest. »Ob Sie es glauben oder nicht, seitdem ich aufgehört habe, ein regelmäßiges Gehalt zu beziehen, bin ich reicher als je zuvor! Es ist wirklich ein großartiges System. Solange ich sie davon überzeugen kann, daß ich an einer nervösen Depression leide, gelte ich als dauerhaft arbeitsunfähig, und es sind nur noch zwei Jahre bis

zu meiner Pensionierung. Außerdem«, fügte er mit einem Lächeln hinzu, »habe ich in letzter Zeit sehr erfolgreich Kunstgegenstände an meinen Psychiater verkauft.« Er schien uns gegenüber betonen zu wollen, daß er kein Interesse an Moral hatte, daß er ohne Bedenken schmuggelte, mit gestohlenen Kunstobjekten handelte und auf alle möglichen Arten der Mühsal ehrlicher Arbeit aus dem Weg ging. »Ehrlich gesagt«, wiederholte er öfter, »ist es das Geld, worum es mir geht.« Hin und wieder machte Lafontaine uns von sich aus auf einige Merkwürdigkeiten an Gegenständen aus seiner Sammlung aufmerksam – manchmal bezog er sich dabei auf Objekte in seiner Wohnung, manchmal auf solche, die wir im vergangenen Jahr im Lagerraum des Museums gesehen hatten, aber er endete immer mit einer Rechtfertigung für die jeweilige Anomalie. »Ist es nicht komisch, daß ein Holz innen immer hell bleibt, egal, wie dunkel seine Oberfläche ist?« bemerkte er scheinbar spontan. Bei einer anderen Gelegenheit wies er darauf hin, wie seltsam es doch sei, daß der Griff seines Kassawarechens an der geraden Seite angebracht war, überlegte dann aber weiter, daß dies einen Sinn ergebe, wenn damit Nahrung auf einem runden Tablett bewegt worden wäre. Und er erzählte uns eine verworrene Geschichte über zwei Sklavenmusiker, die Brüder gewesen seien, was er von seiner Quelle in Paramaribo erfahren habe und was erkläre,

warum zwei der Mandolinen die gleichen eingeschnitzten Muster zeigten. Er fragte uns, ob wir bemerkt hätten, daß einige der kompliziert gearbeiteten, aus verschiedenen Materialien bestehenden Quasten an seinen indianischen Artefakten denen an den Instrumenten des Kreolenorchesters sehr ähnlich sahen. Als er merkte, daß Rich den Griff einer hölzernen Schöpfkelle untersuchte, dessen Form aussah wie der Hals des Kreolenbanjos, das das Museum von Lafontaine gekauft hatte, beeilte er sich zu erklären, daß sie von brasilianischen Indianern aus Matto Grosso gemacht worden sei. Außerdem beklagte er sich, daß es oft schwierig sei, Kupfernägel zu finden, um die fehlenden Ziernägel bei alten Schnitzereien zu ersetzen, so daß er manchmal gezwungen sei, eine andere Sorte zu benutzen.

Als sich diese Sorte Kommentare zu häufen begann, empfand Rich ein zunehmend ungutes Gefühl. Es schien fast so, als ob Lafontaine sich in die Rolle von jemandem versetzte, der seine Sammlung begutachtete, und als ob er dabei gleichzeitig versuchte, potentielle Kritik abzuwehren. Schlimmer war noch, daß so viele von den Auffälligkeiten, die er mit Kommentaren bedachte, sich mit denen deckten, über die wir im Vorjahr mit Awali gesprochen hatten, so daß Rich sich fragte, ob Awali ihm von unserem Gespräch Bericht erstattet hatte. Wußte Lafontaine

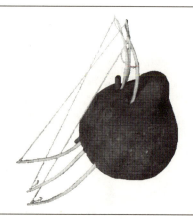

viel mehr über das Spiel, das wir spielten, als er sich anmerken ließ?

»Dürfte ich Sie zum Abendessen einladen, damit wir unsere Unterhaltung fortsetzen können?« fragte er. Wir nahmen das Angebot an, Lafontaine tauschte seine Plastiksandalen gegen Mokassins aus, und schon fuhren wir los in das »Bistro de la Savane«, im Herzen des kolonialen Cayenne.

Das Lokal war vor kurzem renoviert worden, aber die Atmosphäre wurde immer noch von den hohen Decken, den Palmen in Blumentöpfen und dem alles überlagernden Eindruck der Dekadenz bestimmt. Unser Gastgeber stolzierte hinein wie ein Pflanzer, der seinen Besitz betritt, und wir folgten in seinem Schlepptau. Eine Frau, die hinter einem Tisch saß und Buch führte, begrüßte ihn mit seinem Vornamen. Uns wurden überdimensionale Speisekarten gereicht, aber er legte seine ungeöffnet auf den Tisch und erklärte, daß er sie auswendig kenne. Die Besitzerin war eine untersetzte Frau in den Fünfzigern mit rosa gefärbten Haaren. Mehrere Einheimische hatten uns erzählt, daß sie einst die Managerin des vornehmsten Bordells der Stadt gewesen sei. Sie trippelte mit ihren kleinen Goldabsätzen auf unseren Tisch zu

und umarmte Lafontaine von hinten mit großer Herzlichkeit. Er bestellte eine eisgekühlte Flasche Chavenet zu unserem Essen, das aus Garnelen als Vorspeise und *magret de canard* als Hauptgang bestand, und orderte eine zweite Flasche, bevor die erste leer war.

Er wurde immer redseliger, und im Verlauf des entspannten Essens erzählte er uns mehr aus seinem Leben. Es gab neue Geschichten über Brasilien und Federn und Schmuggelabenteuer. Er gestand uns mit schelmischer Freude, daß fast alle »wilden Dschungeltiere« auf den in Cayenne verkauften Postkarten in Wirklichkeit in dem kleinen Zoo fotografiert worden seien, den er früher einmal in seinem Hinterhof unterhalten habe. Und dann war da noch die Anekdote über eine Frau, an die er sich kaum erinnern konnte, die aber eines Tages mit einem vierzehnjährigen Jungen bei ihm auftauchte und verkündete, daß dies sein Sohn sei.

Etwa in der Mitte des Mahls beugte er sich über den Tisch und blickte Sally tief in die Augen. »Madame«, sagte er und verlieh jeder Silbe das volle Gewicht seines südfranzösischen Akzents, »ich möchte Ihnen sagen, daß Sie sehr viel Glück haben, mit Monsieur verheiratet zu sein.« Er deutete mit einer Kopfbewegung auf Rich. »Denn wenn Sie statt dessen *mich* geheiratet hätten ...« Er machte eine kurze Pause. »Ich fürchte, dann wäre Ihr Leben nicht viel wert gewesen. Alle drei Frauen, die das Pech hatten, mit mir

zusammenzuleben, sind jung und auf gewaltsame und mysteriöse Weise gestorben. Die letzte fiel nach einem Herzinfarkt tot um. Den Körper einer anderen fand man mit dem Gesicht nach unten im Fluß treibend, mit einer Kugel im Kopf.« Sally fragte sich, ob sie bei diesen Worten ein Lächeln über sein Gesicht huschen gesehen hatte. »Und wissen Sie – man hat nie herausgefunden, wer es getan hat.«

Nach Dessert und Kaffee schlenderten wir hinaus. Offenbar wurde sein Konto im Restaurant ohne größere Formalitäten geführt. Als wir uns verabschiedeten, sagte er, er werde einen Besuch bei zwei Freunden, die Stücke aus seiner Sammlung gekauft hätten, für uns arrangieren und werde sich bei uns im Hotel melden.

Auf der Rückfahrt waren wir noch ganz benommen von dem, was geschehen war. Es schien uns, daß Lafontaine dem klassischen Verhaltensmuster des Fälschers gefolgt war. Aus unserer Sicht hatte er mit der Gefahr des Entdecktwerdens geflirtet, um den Triumph genießen zu können, die Experten hinters Licht geführt zu haben. Wenn er sein Spiel gewann, würden wir sein Werk beglaubigen und dazu beitragen, ihn reich und berühmt zu machen. Außerdem war das seine große Chance, es dem System zu zeigen – den Museen, den Experten, den Anthropologen. Als wir

den Abend noch mal im Geiste vorüberziehen ließen, waren wir betroffen darüber, wieviel Selbsttäuschung bei all dem mitwirkte. Und über die Feststellung, daß bei ein wenig mehr Zurückhaltung und besseren ethnologischen Kenntnissen Lafontaine sein Spiel durchaus hätte gewinnen können.

Am nächsten Morgen rief Lafontaine uns an, um uns zu Besichtigungen der Sammlungen zweier seiner Kunden einzuladen. Wir könnten ihn um halb vier abholen, schlug er vor, und wir sollten daran denken, unsere Kamera mitzunehmen. Wir fragten uns, ob wir uns da nicht auf zuviel einließen. Konnte es wirklich sein, daß er nichts von unserem Verdacht ahnte? Was war, wenn er mit uns spielte? Wenn er uns in eine Art Falle lockte?

Er führte uns schnell die Stufen hinunter in seine Wohnung, bot uns dieselben Sessel an wie am Abend zuvor und bat uns, doch freundlicherweise kurz die Augen zu schließen. Das war so ziemlich das letzte, was wir tun wollten. Plötzlich umgab uns ein Meer von gewaltigen Klängen – Elgars *Enigma Variations*.

»Ich habe das selbst gebaut«, sagte Lafontaine stolz, während er uns eine Reihe von Boxen zeigte – Hoch- und Tieftonlautsprecher, alle Verstärkerelemente einer aus den sechziger Jahren stam-

menden Musikanlage, die durch eine Vielzahl von mehrfach gelöteten Kabeln verbunden und mehr oder weniger unauffällig in seinen Bücherregalen verborgen waren.

»Ich kann keiner Gelegenheit, ein wenig herumzubasteln, widerstehen«, gestand er, »und ich bin ein ziemlicher Perfektionist, was Musik angeht, vor allem Opern.« Er begann mit Begeisterung von Puccini, der Callas und der »göttlichen« Anna Moffo zu sprechen. »Übrigens«, fragte er, als sei es ihm erst jetzt eingefallen, »sind Sie auch Opernliebhaber?« Rich bestritt unseren Part der Unterhaltung, indem er ein paar Geschichten von Operngrößen – von Caruso bis Tebaldi – zum besten gab, die er von seinem Großvater gehört hatte, einem lebenslangen Mitglied des Opernchors der Metropolitan Opera in New York.

Als die aufwühlende »Nimrod«-Variation zu ihrem Höhepunkt anschwoll, wandte Lafontaine sich uns zu und wartete. Als der Klang der zahlreichen Streichinstrumente verebbt war, sprach er schließlich wieder. »Wußten Sie«, fragte er, »daß die wunderbare Inszenierung des Balletts von Sir Frédéric Ashton im Garten von Sir Édouards Haus gegen Elgars eigenes Konzept ging? Er wollte, daß es in einem Bankettsaal aufgeführt würde, mit einer verschleierten Tänzerin als Enigma!«

Lafontaine war sogar noch überschwenglicher als am vergan-

genen Abend, und nachdem wir jeder ein Glas Wein getrunken hatten, sagte er, daß er uns unbedingt mit Madame Charrière bekannt machen wolle, der er ein »ganz besonderes Tablett« verkauft habe. Eine kurze Fahrt mit dem Auto und dann die Treppen eines modernen Apartmentblocks im andalusisch angehauchten Stil hinauf, durch ein mit Ornamenten verziertes Sicherheitsgitter und hinein in ein überaus bürgerliches kleines Zuhause – ein Teeservice auf einem niedrigen Tisch, zeitgenössische pazifische Kunst an den weißen Wänden, Madame Charrière selbst in einem Spitzen-BH, der von einer rosafarbenen Chiffonbluse kaum bedeckt wurde, mit müden Augen und verblichenem Lippenstift.

Eine herzliche Begrüßung, eine gewisse Förmlichkeit uns gegenüber, eine unbestimmt erwartungsvolle Haltung gegenüber unserer Reaktion auf das *pièce de résistance*. Dort hing es, an einem Ehrenplatz über dem großen Sofa, eine schön geschnitzte konkave Scheibe zwischen rechteckigen Flügeln in Durchbrucharbeit – »ein Tablett für festliche Gelegenheiten«, wie Lafontaine uns informierte.

Dort hing es also. Die affenschwanzähnlichen Windungen waren leicht zusammengedrückt ausgeführt, statt vollständig gerundet zu sein, und das Tablett stand durch die nach unten

gerichteten Biegungen der beiden Enden etwas von der Wand ab (126). Wir starrten es verblüfft an. Es war tatsächlich eine sehr ungewöhnliche Schnitzarbeit.

»Ich habe es von demselben Mann aus Paramaribo, der mir auch die Instrumente verkauft hat«, kommentierte Lafontaine, sichtlich erfreut über unsere erstaunten Mienen. Er fügte hinzu, daß er es auf Madame Charrières Bitte hin gewachst habe, was die glänzende Oberfläche erkläre. Sally entdeckte eine abgebrochene Stelle am Rand des eigentlichen Tabletts. War sie mit Absicht abgebrochen worden, um die Echtheit zu unterstreichen? Direkt unter dem Tablett hing ein überdimensionaler Holzspatel (45), dessen Griff in Durchbrucharbeit genau zu der Schnitzerei an den Flügeln des Tabletts paßte.

»Ich habe Madame Charrière erklärt«, sagte Lafontaine, der sich zusehends für die Rolle des Experten erwärmte, »daß jedes zeremonielle Tablett von einem dazugehörigen Essensspatel begleitet wird.« Wir lächelten höflich und fragten uns, wo er wohl diese pseudoethnographische Weisheit aufgetan hatte. »Ich habe Awali einmal gefragt, ob er ein solches Tablett schnitzen könne«, redete er weiter, »und er sagte, nein, diese Techniken seien bei den Saramaka schon lange verlorengegangen.«

Mit salbungsvoller Stimme bat er dann förmlich für uns um die

Erlaubnis, das Meisterwerk fotografieren zu dürfen, die Madame Charrière auch huldvoll gewährte. Wir experimentierten ein wenig mit der Beleuchtung, und sie ging, um ihren Kuchen aus dem Ofen zu holen. Während sie selbstgemachtes Guavengelee, Kuchen und Tee servierte, erkundigte sie sich, ob wir Cathérine Deneuve in dem Film *Indochine* gesehen hätten, der zur Zeit im örtlichen Kino gezeigt wurde. Sie und ihr Mann hätten ihn absolut wunderbar gefunden. Lafontaine wandte ein, daß sein Genuß etwas getrübt gewesen sei, weil die aus Frankreich geschickte Kopie zu schmal für die neue Panavisionsleinwand im »Rex« sei. »Was technische Feinheiten betrifft, bin ich ein richtiger Perfektionist«, bekannte er.

Madame Charrière veranstaltete dann eine Führung zu den anderen *objets d'art* in ihrem Wohnzimmer. Außer den Stücken, die sie und ihr Mann während ihrer Jahre in Neukaledonien erworben hatten, gab es noch mehrere von Monsieur Lafontaine erstandene Gegenstände: eine Kaffeemühle aus dem Libanon, zwei zierlich gearbeitete, silberne Steigbügel aus Brasilien, einen Gauchodolch zum Aufspießen von Churrasco. Die Einlegearbeiten aus Knochenscheiben, die den Griff des letzteren verzierten, kamen uns sehr bekannt vor.

Wieder im Auto fuhren wir zu dritt eine schmale Straße in Richtung Meer hinunter zum Haus von Monsieur Peronnette, der gerade einen Gartenschlauch auf einen Hibiskusbusch richtete. Er zog sich ein Hemd über und führte uns ohne weitere Umstände in sein Wohnzimmer, wobei er das Reden Lafontaine überließ. Wie schon im vergangenen Jahr in seinem Laden wirkte er wie ein nüchterner Geschäftsmann.

Der Raum war vollgestopft mit Kanus, Paddeln, Hockern, Trommeln, Tabletts, Kämmen, einem ausgestopften Gürteltier, ein paar alten Stichen und auch der großen Kassawamühle, an deren Ausfuhr Lafontaine im Jahr zuvor gehindert worden war. Als wir unsere Augen über die Wände schweifen ließen, war es, als sei plötzlich ein Schleier von ihnen abgefallen. Trotz einiger authentisch aussehender Sachen (ein kleines Kanu, ein paar bemalte Paddel und ein paar Schnitzereien für Touristen) überwog eine Aura des Unechten deutlich den Gesamteindruck.

Lafontaine beeilte sich, darauf hinzuweisen, daß wie bei Madame Charrière jeder der beiden Holzspatel an der Wand zu einem bestimmten Tablett mit Flügeln »gehöre«. Er war betrübt zu sehen, daß sie nicht in der richtigen Kombination aufgehängt worden waren (101, 87, 123). Besonders schien er auf unsere

Komplimente bezüglich der Tabletts erpicht zu sein, und wir konnten ihm ohne Schwierigkeiten versichern, noch nie zuvor etwas Ähnliches gesehen zu haben.

»Was für einen erstaunlich großen Block Holz sie gehabt haben mußten, um das zu machen!« staunte er über das größere der beiden Tabletts. »Awali sagte mir, daß er solches Holz nicht mehr finden könne, selbst, wenn er bis nach Suriname ginge!«

Als wir durch das Zimmer spazierten, sahen wir einen scheinbar antiken und irgendwie bekannt aussehenden Wäscheklopfer auf einem Tisch liegen. Als er ihn in die Hand nahm, erschrak Rich fast über seine Leichtigkeit und stellte fest, daß er aus dem leichten Holz der südamerikanischen Zeder gemacht war und nicht aus dem schweren Holz, das normalerweise für diese Geräte verwendet wurde. Auf dem Boden stand eine *Apinti*-Trommel (eine »sprechende« Trommel), die mit Porzellanerde geweißt und mit Klapperschlangen im Flachrelief verziert war (54), welche realistischer wiedergegeben waren als diejenigen auf anderen uns bekannten Maroontrommeln.

Als wir Lafontaine nach der Herkunft der Sachen fragten, führte er erneut seine Quelle in Paramaribo an. Wie schon mehrmals zuvor versuchte er, Informationen aus uns herauszulocken, und fragte, ob Trommeln nicht manchmal »ganz und gar rundum

mit Kaolin bedeckt« seien. Er nötigte uns immer öfter, Lob und Bewunderung zu äußern, indem er bei fast jedem Stück, das wir betrachteten, fragte, ob wir es nicht schön fänden. Als Sally entgegenkommend ausrief, daß die ganze Sammlung *très belle* sei, murmelte er aufgeregt: »Und das sollte sie auch sein! Ich habe schließlich dreiundzwanzig Jahre meines Lebens hineingesteckt.« In Peronnettes vollgeräumtem Arbeitszimmer sahen wir eine authentisch wirkende *Agida* (eine Schlangengottrommel), aber ansonsten wenig, das nicht unseren Verdacht erregte. An einer Wand hingen mehrere indianische kunsthandwerkliche Gegenstände aus Pflanzenfasern sowie viele Korbflechtarbeiten, üppig mit Knochenscheiben, Beeren, Tierklauen und Federn behangen, was von Lafontaine alles mit großem Vergnügen für uns benannt wurde. Es gab auch einen *cache-sexe* oder Lendenschurz für eine Frau, von dem massenweise Pflanzenschoten hingen, genau wie bei einem anderen, den wir in Lafontaines Wohnung gesehen hatten, sowie einen zusammengesetzten Tanzfußschmuck, der für uns aussah, als bestünde er aus den beiden Teilen für den rechten und den linken Fuß, und der mit einer Schnur zusammengenäht worden war. Außerdem stand dort ein dick eingewachster Hocker mit einem gebogenen Brett als Sitzfläche (28), dessen gewundene Durchbruchschnitzerei uns beiden Kopfzerbrechen

bereitete, obwohl wir nicht genau wußten, warum. An der Wand erblickten wir ein reichverziertes, geschnitztes Paddel (21), zwei weitere geflügelte Tabletts (95) und zwei runde Tabletts, von denen eines glänzend schwarz war und in der Mitte einen stilisierten Mann mit entblößtem Geschlecht zeigte (98). »Beachten Sie die Schmucknägel an den Hoden«, kommentierte Lafontaine wie ein Dozent am Louvre.

Er erzählte uns, er habe ganze Wochen mit der Restaurierung eines der geflügelten Tabletts verbracht. Bei anderen Gegenständen erklärte er, daß er sie in unbeschädigtem, ursprünglichem Zustand bekommen habe. Wir spürten eine starke Ambivalenz bei ihm, wenn es darum ging, eigenen künstlerischen Verdienst zu behaupten oder zu leugnen.

Während wir die Stücke im Arbeitszimmer untersuchten, rief Lafontaine seinen Freund unauffällig in ein Nebenzimmer, wo er sich flüsternd mit ihm unterhielt. Als sie zurückkamen, sagte Peronnette, daß wir ruhig Fotos machen könnten, daß er aber jedes öffentliche Aufsehen für seine Sammlung vermeiden wolle. »Das würde nur Einbrecher anlocken«, sagte er, aber wir vermuteten, daß die französische Luxussteuer ebenfalls ein Motiv für den Wunsch nach Wahrung seiner Privatsphäre war.

Peronnette drückte sein Interesse daran aus, ein Exemplar

unseres Kunstbuches zu kaufen, und wir sagten, daß wir ihm am nächsten Tag gerne eines als Geschenk vorbeibringen würden. Aber er bestand sehr entschieden darauf, es zu bezahlen, und erklärte:»Schulden sind nicht gut für die Freundschaft, und wer weiß, vielleicht bitte ich Sie eines Tages einmal um einen Gefallen.«
Als wir uns verabschiedet hatten und zu dritt zum Auto zurückgingen, gratulierte Lafontaine sich selbst dazu, daß er uns die Erlaubnis verschafft hatte, Fotos zu machen:»Ich habe gemerkt, daß Sie zögerten, selbst zu fragen«, sagte er. Auf der Rückfahrt sagte er zweimal mit einiger Eindringlichkeit, daß er hoffe, an diesem Nachmittag nicht unsere Zeit verschwendet zu haben. Wir versicherten ihm, daß wir die Besuche hochinteressant gefunden hätten.

Er erwähnte, daß es noch eine andere Sammlung gebe, die er uns zeigen wolle und die Objekte enthalte, die das Museum im Jahr zuvor abgelehnt habe. Leider sei der Eigentümer zur Zeit in Europa, und sein Sohn, der noch nie sehr freundlich gewesen wäre, habe es abgelehnt, ihn und uns zu empfangen.»Vielleicht bei Ihrem nächsten Besuch«, sagte er,»aber ich kann es nicht mit Sicherheit versprechen. Patrick legt sehr viel Wert auf sein Privatleben. Er ist ein bekannter Mann hier, obwohl es nur vier oder

fünf Leute in Cayenne gibt, die ihn wirklich gut kennen. Ich darf sagen, daß er mich als einen seiner engsten Freunde betrachtet.«

Nachdem wir Lafontaine abgesetzt hatten, fuhren wir sofort zu dem Fotogeschäft im Stadtzentrum, das Abzüge innerhalb einer Stunde liefern konnte. Während die Bilder entwickelt wurden, setzten wir uns in ein Café und versuchten, eine Bestandsaufnahme zu machen. In den vierundzwanzig Stunden seit unserer ersten Begegnung mit Lafontaine war die große Frage, mit der wir über ein Jahr lang gelebt hatten, beantwortet worden – und hundert kleinere waren an ihre Stelle getreten. Es gab für uns keinen begründeten Zweifel mehr daran, daß der größte Teil von Lafontaines Sammlung mit der Absicht der Täuschung hergestellt worden war. Jetzt blieb uns nur noch aufzudecken, von wem und wie und warum. Das Ziel des Spiels war völlig neu definiert worden.

Die Fotos waren ziemlich gut geworden. Nach dem Abendessen brachten wir Stunden damit zu, die ganze Serie zu betrachten – sowohl die Bilder vom selben Tag als auch die, die wir im vergangenen Jahr im Museumsdepot gemacht hatten. Seit wir mit

Lafontaine gesprochen hatten und die Stücke in seiner Wohnung sowie die bei Madame Charrière und Monsieur Peronnette gesehen hatten, war unsere Sichtweise unwiderruflich verändert. Da war die überall vorhandene dunkle Patina. Der wächserne Glanz auf vielen Objekten. Die Allgegenwart der rostigen Ziernägel. Die Knochenscheiben und Einlegearbeiten. Die gerundeten oder manchmal gefurchten Oberflächen der Flachreliefbandmuster. Die Vernachlässigung perfekter Symmetrie und geometrischer Ordnung. Und die auffällige Häufigkeit aufwärtsstrebender, gekrümmter Formen: die abgesägten Kanubugs, der Phallus, die Kopfschmucke mit den großen, gebogenen Federn, die Harfe.

Die ganze Sammlung war durchsetzt von Leimen, Harzen, Holzstiften, Dornen, Phillipsschrauben, Drahtstücken und sogar aus Knochen geschnitzten Nägeln. Wir konnten nun nicht mehr umhin, eine gewisse Ästhetik der reparierten Antiquität zu erkennen, eine spezielle Vision des mühsam erhaltenen und wieder zusammengesetzten *objet d'art*, welche das künstlerische Ideal der Maroons ersetzte, dem zufolge ein wahrhaft meisterhafter Schnitzer einen schönen Gegenstand in einem Stück aus einem einzigen Block Holz fertigen kann. Diese Ästhetik, bemerkten wir jetzt, betraf auch einen Großteil der Durchbrucharbeiten; die Tendenz, schmückende Elemente mit separaten Holzteilen zu

verbinden, zerteilte effektvoll Kompositionen, die in einem Maroondorf zusammenhängender ausgeführt worden wären.
 Über ein Jahr lang hatten wir uns selbst dazu angetrieben, für die einzelnen Objekte der Sammlung voneinander unabhängige Herkunfts- und Existenzgeschichten zu erfinden, egal, wie unwahrscheinlich diese auch sein mochten. Aber nun zwang uns Lafontaine praktisch dazu, ihn in den Mittelpunkt der Geschichte zu rücken. Er hatte uns alle Strohhalme weggenommen, an die wir uns in unserem Versuch, eine legitime Herkunft für seine Stücke zu konstruieren, geklammert hatten. Von nun an würden sich unsere Bemühungen auf die Rekonstruktion von Entstehungsgeschichten konzentrieren müssen, die seine aktive Rolle dabei irgendwie miteinbezogen.

Wir mußten mit Awali sprechen. Was wir in den letzten beiden Tagen erfahren hatten, verlieh den Sprichwörtern, die er damals im Museumsdepot geäußert hatte, neue Bedeutung. Und wir wußten jetzt, daß er gelogen hatte, als er leugnete, Lafontaine zu kennen. Im Auto überlegten wir, wie wir die Peinlichkeit der Situation mildern konnten.
 »Ich glaube, Awali wird nichts dagegen haben, über Lafontaine

zu reden, solange wir ihm nicht das Gefühl geben, ihn irgendwie zu beschuldigen«, sagte Sally.
»Ich denke, wir haben keine andere Wahl«, antwortete Rich. »Laß uns einfach so tun, als sei alles in Ordnung, und sprechen wir über Lafontaine, als hätten wir Awali nie das Foto von ihm gezeigt.« Das schien tatsächlich die einzig mögliche Vorgehensweise zu sein.
Als wir bei Awalis Schild hielten, war der Schuppen am Straßenrand leer. Wir gingen den Hügel zum Lager hinauf, wo zwei seiner Söhne mit einer Kettensäge schwere Bretter sägten, die dann zu miteinander verzahnbaren Hälften für die Klappstühle gehauen wurden, die viele Touristen als Schmuck für ihre Arbeits- und Wohnzimmer begehrten.
Überall liefen kleine Kinder herum. Hinter dem Arbeitsbereich stand Selina vor dem Haus ihrer Tochter mit einem einwöchigen Baby im Arm. Mit der üblichen Geste reichte sie Sally das menschliche Bündel, als wir herüberkamen, um sie zu begrüßen. Das Köpfchen war mit einer bestickten Patchworkmütze bedeckt, und die winzigen Ohren waren durchstochen und die Löcher mit kurzen Baumwollfäden durchgezogen worden. Eine Frau, die Selinas Linie weiterführen würde. Rich äußerte seine Freude über die neue »Frau«, die er gefunden hatte, und Selina strahlte.

Awali, der unsere Stimmen gehört hatte, kam aus dem Haus nebenan, wir begrüßten einander und versuchten, den Lärm der Kettensäge dabei zu übertönen. Er bat uns hinein, reichte uns Hocker und schloß die Tür nur halb, so daß etwas Licht in das fensterlose Innere dringen konnte. Selina ließ sich auf der Türschwelle nieder, bereit, das Baby nach einer angemessenen Zeit wieder an sich zu nehmen.

Wir sprachen zuerst über die Dinge, die während des vergangenen Jahres geschehen waren. Awali war zweimal zu Hause in Suriname gewesen. Wir hatten mit einer Gruppe von Saramaka das Festival of American Folklife in Washington besucht und konnten einige Geschichten darüber erzählen. Der vor kurzem eingesetzte Häuptling der Saramaka war zu einem offiziellen Besuch in Cayenne gewesen. Und Rich war nach Costa Rica geflogen, um in einem Menschenrechtsprozeß auszusagen, in dem sich die Militärregierung von Suriname und die Familien von sieben jungen Saramaka, die von Soldaten gefoltert und getötet worden waren, gegenüberstanden. Sally zog die Geschenke, die wir mitgebracht hatten, aus ihrer Schultertasche, und Awali schickte eines der Kinder zu dem chinesischen Lebensmittelladen auf der anderen Seite der Straße, um kalte Limos und Bier zu holen.

»Unser Flugzeug kam am Samstag an«, beantwortete Rich die

dahingehende Frage. »Wir wären schon früher vorbeigekommen, aber wir hatten ziemlich viel zu tun. Wir haben uns sogar mit einem Freund von dir getroffen.« Er verstummte einen Moment. »Mit dem Mann, den sie Lafontaine nennen.«

»Lafontaine?« Awalis Gesicht verriet weder Überraschung noch Wiedererkennen. Er überließ es Rich, mit der Unterhaltung fortzufahren.

»Ja. Er hatte uns eingeladen, seine Sammlung anzusehen. Als wir zu ihm kamen, servierte er uns *shampani*, und dann lud er uns zum Abendessen ins ›Bistro de la Savane‹ ein. Er sprach über einige Arbeiten, die du für ihn angefertigt hast. Auch über Confard. Er zeigte uns seinen Arbeitsraum. Es war gut, ihn kennenzulernen, und er schien sich auch zu freuen.«

»Er zeigte euch, wo er arbeitet?« wiederholte Awali, immer noch, ohne eine verräterische Reaktion zu zeigen.

»Genau. Er schien alles mit uns teilen zu wollen. Wir haben uns wirklich gut verstanden.«

Selina drückte sachte die Tür auf, schlüpfte hinein und setzte sich auf einen Holzklotz neben ihren Mann. Sie hatte eine Hand über den Mund gelegt, aber die Kettensäge war abgestellt worden, und wir konnten hören, was sie flüsterte. »Sprechen sie über Tambou?« Awali nickte fast unmerklich.

»Tambou?« fragte Sally verunsichert. Selina richtete ihre Augen fest auf Awali, einen warnenden Ausdruck im Gesicht, falls er sie ansehen sollte, aber sie mischte sich nicht ein. Er starrte auf seine Füße. Dann wandte er sich Rich zu und preßte seine Lippen aufeinander. Nach einer Weile lächelte er mit der kleinsten Andeutung von Schuldbewußtsein. »So nennen wir ihn hier«, erklärte er. »Aber ihr dürft ihn nie so anreden. Er weiß nichts davon. Wenn er hier ist, nenne ich ihn immer Émile.«

»Warum Tambou?« Rich bekam langsam das Gefühl, daß unsere Vorgehensweise Erfolg haben würde.

»Weil die Franzosenleute Trommeln so nennen – *tambou*. Das war das erste, was er von mir gekauft hat, und er hat danach noch viele andere gekauft, also haben wir ihn einfach Tambou getauft.« Unausgesprochene Gedanken begannen, uns vier allmählich mit einem Netz der Vertraulichkeit zu umgeben.

Das Kind kam vom Laden zurück, und die Unterhaltung ging wieder zu Smalltalk über, während Awali die Getränke öffnete. Selina erinnerte uns daran, daß sie nach Büchern mit neuen Kreuzstichmustern suchte, aber Sally sagte, daß sie keine habe finden können. Awali fragte uns, ob wir ihm helfen könnten, die zweite Rate einer Zahlung, die das Museum ihm schuldete, einzu-

fordern, und wir versprachen, es zu versuchen. Rich wiederholte bewußt Confards Namen.

»Confard?« Awali schien ehrlich verwirrt zu sein.

»Er ist ein Holzschnitzer. Lafontaine sagte, er habe für ihn gearbeitet.«

»Oh, ihr meint wahrscheinlich Konfa. Er ist ein Cousin von mir. Lafontaine ließ ihn fallen, weil er seine Anweisungen nicht befolgte. Wenn jemand mir einen Auftrag gibt, führe ich ihn immer genauso aus, wie er es verlangt.«

»Ist das derselbe Konfa, der *Sêkêti* getanzt hat?« Wir hatten schon in den Sechzigern von einem berühmten Tänzer dieses Namens gehört. Awali nickte.

Wir mußten uns gleichmütig geben, aber nach allem, was wir erfahren hatten, war das nicht einfach. Wir verabschiedeten uns und nahmen uns vor, am nächsten Tag zu einem neuerlichen Besuch vorbeizukommen. Auf dem Weg zurück ins »Chez Ginette« kauften wir eine Flasche Scotch. Dies schien eine Gelegenheit zum Feiern zu sein oder zumindest der rechte Augenblick, eine kleine Pause einzulegen. Awali hatte gesagt, daß er viele Sachen an Lafontaine verkauft habe. Er hatte gesagt, daß Lafontaine genaue Anweisungen geben würde. Und daß »Confard« unter ähnlichen Bedingungen für ihn gearbeitet habe.

Zum x-ten Male breiteten wir die Fotos auf dem Bett aus. Was war es nur, das die Gegenstände so eigentümlich vertraut aussehen ließ, so schön und doch so fremdartig?

Früh am nächsten Morgen erwachte Rich mit einem Ruck. »Ich hab's!« grinste er. Er war sehr aufgeregt. Sally sah ihn schläfrig an. »Ich habe gerade von Schnörkeln geträumt«, sagte er. »Peronnettes geflügeltes Tablett. Ich glaube, ich weiß, was das ist!« Er sprang aus dem Bett und stand nackt vor der Kommode, wo er wie verrückt in unserem Buch von 1980 blätterte. Als er an das Ende des Kapitels über Holzschnitzereien gelangt war, hielt er inne und starrte auf ein zweifarbiges Foto von einem Hocker mit einer tafelförmigen Sitzfläche und wunderschöner Durchbruchschnitzerei. Das war es. Das Bild aus seinem Traum (11).

Wir holten die Fotos wieder hervor und durchsuchten den Stapel nach Peronnettes Tablett (95). Indem wir Buch und Foto nebeneinander plazierten, sahen wir, daß das Tablett eine schlaue Nachahmung war. Die gewundenen Bänder im Muster des Hockers waren rechts und links auseinandergezogen worden, um die »Flügel« des Tabletts zu bilden, und aus dem inneren, kreisförmigen Muster war die undurchbrochene, konkave Schale ge-

worden, der »funktionale« Teil des Tabletts. Es waren auch noch andere Veränderungen an der Gestaltung vorgenommen worden. Die flachen Oberflächen der Flachreliefbänder waren gerundet, beinahe wulstig geschnitzt. Pflockartige Stücke waren an beiden Enden hinzugefügt worden, um das Ganze einzurahmen. Und ein Ankermotiv war in die konkave, glatte Fläche des Tabletts eingeritzt worden.

Da wir der Sache nun einmal auf die Spur gekommen waren, brauchten wir nicht lange, um dieses Motiv als eine Einkerbung zu identifizieren, die wir in Huraults Buch über Alukukunst gesehen hatten, wo sie in der Bildunterschrift als »abstraktes Männlichkeitssymbol« bezeichnet wird.

In Hochstimmung arbeiteten wir uns nun systematischer durch unser Kapitel über Holzschnitzkunst und suchten nach

Modellen. Noch dreimal überkam uns das Gefühl des plötzlichen Wiedererkennens, als wir noch offensichtlichere Ähnlichkeiten entdeckten: Die Abbildungen 135, 171d (116) und 178 (79) in unserem Buch waren eindeutig die Vorbilder für Peronnettes Wäscheklopfer, eines seiner Paddel (21) und seinen Hocker in Durchbrucharbeit (48). Doch selbst bei diesen Stücken waren subtile Veränderungen vorgenommen worden. Das Schnitzwerk am Paddelgriff war verlängert, und die Ziernägel am Wäscheklopfer waren weggelassen worden. Die Veränderungen am Hocker waren besonders umfassend. Die Beschlagnägel, die die gesamte Oberfläche des Originals bedeckten, waren bei der Kopie auf zehn einsame Nägel reduziert worden. Die gewundenen Bänder der Durchbruchschnitzerei waren schmaler. Das Holz war dunkel geworden und glänzte vom Wachs. Zwei der Kufen, die den Sockel bildeten, waren kopiert worden, aber in einer untersetzteren Version. Am interessantesten für uns war, daß die unregelmäßig über- und untereinander geführten Bandmuster der Durchbrucharbeit, die so typisch für die Schnitzkunst des frühen zwanzigsten Jahrhunderts waren, bei Peronnettes Hocker nach den Prinzipien einer späteren Generation von Künstlern »korrigiert« worden waren. Hätte Lafontaine es gewagt, diese Änderung zu riskieren? Es schien uns wahrscheinlicher, daß ein moder-

ner Saramakaschnitzer, dessen Stolz auf seine Fertigkeiten es nicht zuließ, die »Fehler« eines früheren, groberen Stadiums in der künstlerischen Entwicklung der Saramakaschnitzkunst zu wiederholen, diese logische »Verbesserung« ausgeführt hatte.

Wir beschlossen zu versuchen, Konfa aufzuspüren, ehe wir wieder zu Awali fuhren. Ein Saramakabauarbeiter beschrieb uns einen Weg, der uns eine halbe Stunde lang über eine schmale Landstraße in Richtung Westen führte. Dort, hinter einem grob beschrifteten Schild, das auf sein Handwerk aufmerksam machen sollte, fanden wir ihn in seinem offenen Schuppen, ein Taschenmesser in der Hand und über eine Schnitzerei gebeugt. Er war nach unserer Schätzung etwa zehn Jahre älter als Awali und trug eine Brille mit Metallgestell. Sein ergrauendes Haar war zu Zöpfen geflochten.

Wir stellten uns vor und erzählten ihm, daß wir einige der Tänze, die er in den Sechzigern erfunden hatte – darunter einer, der eine Coca-Cola-Abfüllmaschine in Paramaribo nachahmte –, als Beispiele für Kunst und Kreativität der Saramaka in unser Kunstbuch aufgenommen hatten. Wir waren ihm nie begegnet, aber sein Ruf als Tänzer war einzigartig gewesen. Er schien sich über diese Erinnerung an seine Tage als Berühmtheit zu freuen,

erwiderte aber, daß der Neid der Menschen auf seine Fähigkeiten ihn teuer zu stehen gekommen sei. »Ich habe Eifersucht auf mein Tanzen gespürt. Ich habe Eifersucht auf mein Schnitzen gespürt. Ich habe Eifersucht auf mein Jagen gespürt«, sagte er mit kaum verhohlener Bitterkeit. Eifersucht war es auch, wie er uns später erzählte, die zu seinem Bruch mit Awali geführt hatte.

Vor Jahren, sagte er, habe Awali ihn um einen lukrativen Auftrag für dekorative Wandtäfelungen in einem Regierungsgebäude in Paramaribo geprellt. Und es gab andere, die ihm seine Talente für die Künste und seinen Erfolg als Jäger neideten. Aus Trauer darüber habe er beschlossen, sich mit Frau und Kindern an einen ruhigen Ort auf dem Land zurückzuziehen und auf den Ruhm und die Probleme, die dieser mit sich brachte, zu verzichten. Die sanfte, überlegte Art, mit der er sprach, ließ in uns die Frage aufkommen, ob er nicht auch eine religiöse Bekehrung erfahren hatte, aber es schien uns zu indiskret, dieses Thema anzusprechen.

»Wir haben gehört, daß Sie früher einmal für einen Franzosen namens Lafontaine gearbeitet haben«, bemerkten wir statt dessen. Er zog skeptisch die Augenbrauen nach oben, antwortete jedoch auf die Frage, die er dahinter hörte. Er habe Anfang der Achtziger mehrere Jahre lang für ihn gearbeitet und Hunderte von Gegenständen hergestellt – Paddel, sowohl im Saramaka- als auch

im Alukustil, Tabletts, Kämme, Trommeln, Kanus, Wäscheklopfer und anderes mehr. Er nahm eine neben ihm auf der Bank liegende Ausgabe von *Africains de Guyane* zur Hand und blätterte darin, um uns mehr als ein Dutzend Objekte zu zeigen, die er kopiert hatte, manche davon auch mehrmals. Er zeigte keine Sympathie für seinen früheren Kunden.

»Er kam immer mit einem kleinen roten Auto ohne Dach angefahren. Manchmal mit einem Ozelot auf dem anderen Sitz.« Er brach ab und schüttelte den Kopf bei der Erinnerung. »Er und seine Freunde machen diese Sache, die Franzosen machen. Sie wissen schon, sie tauschen ihre Freundinnen aus.«

»Lafontaine«, fuhr er unaufgefordert fort, »reibt eine Art Pulver in die Schnitzereien, die er in Auftrag gegeben hat, um sie alt aussehen zu lassen. Damit er einen höheren Preis für sie verlangen kann. Es gibt keinen anderen Grund dafür, außer den, seine Kunden zu betrügen.«

Wir blickten schockiert drein bei dem, was er sagte, unterbrachen seinen Monolog aber nicht.

»Genauso, wie Saramaka symbolische Bedeutungen für ihre Muster und Verzierungen erfinden, weil die Touristen das mögen. Viele Holzschnitzer sind bereit, für Geld bei diesem Schwindel mitzumachen, aber ich nicht.«

Seine moralische Haltung hatte ihn jedoch nicht davon abgehalten, sehr interessiert an dem Pulver zu sein, mit dem Lafontaine die dunkle Färbung der Holzobjekte erzielte. Das Pulver hatte ihn regelrecht fasziniert, und er hatte sein Bestes getan, um aus Lafontaine herauszubringen, woraus es bestand, doch stets ohne Erfolg.

Während wir sprachen, kam Konfas Frau zum Schuppen, und beide beugten sich schließlich über unsere mitgebrachten Fotos von den Stücken aus Lafontaines Sammlung. Wie Awali betonte auch Konfa, daß es ihm nie erlaubt worden sei, die von ihm gemachten Gegenstände mit Schmucknägeln zu verzieren. Die Knocheneinlegearbeiten in manchen Stücken erfüllten sie beide mit Abscheu. So etwas hätten sie noch nie gesehen. »Es ist eine Sache, Ziernägel oder Holzeinlegestücke zu verwenden«, sagte seine Frau, »aber bei diesen Knochen weiß man doch nie, ob sie nicht von Menschen stammen.« Sie schauderte.

Während Konfa erzählte, wurde allmählich klar, daß Lafontaines Besuche mit der Zeit dazu gedient hatten, einen Holzschnitzstil zu formen, der seinen besonderen ästhetischen Vorlieben entsprach. An sich war das nicht ungewöhnlich, da Saramakaschnitzer bei ihrer Arbeit oft an den zukünftigen Besitzer des Gegenstandes denken. Ein Mann, der ein Paddel schnitzte,

konnte zum Beispiel gleichzeitig von der Frau träumen, der er es schenken wollte. Aber Lafontaine trieb diesen Brauch noch einen Schritt weiter. Die Besonderheiten, die er bei seinen Aufträgen verlangte, begannen einen Kunststil hervorzubringen, der in keine der beiden Kategorien paßte, nach denen Saramakaschnitzer arbeiteten – Gebrauchskunst für die Saramaka und Kunst zum Verkauf an Touristen. Doch genauso, wie Konfa es zuerst in dem Holzschnitzstil seines Heimatdorfes am Surinamfluß und später in dem charakteristischen Stil, der sich gut an Touristen verkaufte, zur Meisterschaft gebracht hatte, hatte er auch Lafontaines besonderen Geschmack als berufliche Herausforderung betrachtet.

Wir gaben Konfa die Kassette mit Saramakamusik und das Kunstbuch, die wir als Geschenke mitgebracht hatten, seine Frau revanchierte sich mit Okra aus ihrem Garten, und wir verabschiedeten uns. Eine knappe Stunde später hatten wir einen Termin mit der Museumsdirektorin.

Die Direktorin begrüßte uns und fragte höflich, wie unser Besuch verlaufe. Wir gaben Awalis Besorgnis über das Geld, das man ihm noch schuldete, weiter, und sie antwortete, daß der Betrag in den kommenden Wochen gezahlt werden würde. Die

Haushaltskrise in Französisch-Guayana habe den ganzen Regierungsapparat lahmgelegt. Wir hatten eigentlich nicht vorgehabt, zu diesem Zeitpunkt mehr als die gröbsten Züge unserer Geschichte mit Lafontaine zu enthüllen, überraschten uns aber dabei, wie wir das meiste von dem, was wir herausgefunden hatten, ausplauderten – wobei wir allerdings die Identität der beteiligten Saramaka verbargen. So, wie Lafontaine uns aus Eitelkeit und Stolz auf seine gelungenen Unternehmungen wahrscheinlich viel mehr erzählt hatte, als er wollte, erzählten auch wir der Direktorin mehr über unsere Nachforschungen, als wir vorgehabt hatten. Wir berichteten ihr von den Ähnlichkeiten zwischen seinen Stücken und einigen in unserem Buch abgebildeten Schnitzereien, von seiner Verwendung eines Pulvers, um eine ältere Herkunft der Stücke vorzutäuschen, und von seinen eigenen künstlerischen Aktivitäten in Form von Hinzufügung der Knocheneinlegearbeiten. Sie schnalzte mit der Zunge und schüttelte den Kopf.

»Ich hatte schon immer den Verdacht, daß er pervers ist«, sagte sie. »Gefallen daran zu finden, Knochenteile in Holzarbeiten einzufügen, ist krank. Er hat bestimmt auch etwas mit SM zu tun.«

In diesem Moment summte die Sprechanlage auf dem Schreibtisch, und die Direktorin antwortete. Mit einem Augenzwinkern

fragte sie uns dann, ob wir gern mithören würden.»Es ist er«, flüsterte sie.

Die schmeichlerische Stimme, die durch den Lautsprecher drang, erinnerte Sally an ihr erstes Telefonat mit Lafontaine. Er rufe aus Höflichkeit an, sagte er, um der Direktorin mitzuteilen, daß er in ein paar Tagen nach Europa abreise. Er habe dort Kunden, die nur auf eine Gelegenheit warteten, die Stücke zu kaufen, die sie im vergangenen Jahr abgelehnt habe.

»Übrigens«, fügte er noch hinzu, »wußten Sie, daß die Prices in Französisch-Guayana sind? Sie haben mich besucht und meine Sammlung angesehen.«

»Ach, tatsächlich?« antwortete die Direktorin.

»Ja«, sagte er. »Und nicht nur das. Bevor sie meine Wohnung verließen, äußerten sie das Wort *merveille*, ein Wunder!«

Die Direktorin hob die Augenbrauen, gab jedoch keine hörbare Reaktion von sich. Als Lafontaine zum Ende gekommen war, wünschte sie ihm *bon voyage* und drückte die Unterbrechungstaste auf ihrem Telefon.

Wir beschrieben ihr, wie Lafontaine uns zu Madame Charrière und Monsieur Peronnette mitgenommen hatte, damit wir die Stücke sehen konnten, die er ihnen verkauft hatte. Und wie er gesagt hatte, daß er uns noch zu einem dritten Sammler, jeman-

dem namens Patrick, bringen wolle, der viele der letztes Jahr im Depot gelagerten Stücke gekauft habe, der jedoch anscheinend im Urlaub war.

»Patrick? Das ist wahrscheinlich Patrick Benoit. Er ist einer der reichsten Männer in Cayenne.« Sie lächelte. »Wir wollen doch mal sehen, ob er wirklich im Urlaub ist.«

Sie fragte ihre Sekretärin über die Sprechanlage nach Benoits Nummer und wählte dann. »Hallo, kann ich bitte mit Monsieur Benoit sprechen?«

Man sagte ihr, daß er nicht zu Hause sei.

»Ich muß wirklich dringend mit ihm sprechen. Wann kann ich ihn erreichen?«

Die Stimme am anderen Ende erklärte, daß Benoit auf Urlaub in Frankreich sei und nicht vor dem zwölften des Monats zurückkomme. Sie dankte und legte auf.

»Information bestätigt«, berichtete sie uns.

»Aber was hätten Sie gesagt, wenn er selbst ans Telefon gegangen wäre?« Sally war verblüfft über ihre Kühnheit.

»Oh, ich hätte mir schon was ausgedacht.«

Die übrige Zeit des Treffens sprach die Direktorin hauptsächlich von ihrem ständigen Kampf, Lafontaine davon abzuhalten, Gegenstände auszuführen, die zum »kulturellen Erbe« Franzö-

sisch-Guayanas gehörten. Wir hingegen lieferten ihr Informationen, die sehr stark darauf hindeuteten, daß viele der Objekte, die sie vor dem Export bewahrt hatte, in Wirklichkeit jüngsten Datums waren. Sie schien sich zu sträuben, die naheliegenden Schlußfolgerungen zu ziehen, weil sie sich zweifellos immer noch an die Hoffnung klammerte, daß der erste Satz Instrumente, den sie für das Museum gekauft hatte, sich vielleicht doch noch irgendwie als echt erweisen könnte.

Am Nachmittag kehrten wir zu Awalis Lager zurück und nahmen unsere Fotos mit in der Hoffnung, daß sie noch mehr Einzelheiten über seine Zusammenarbeit mit Lafontaine hervorlocken würden. Er ließ die Geschichte nicht auf einmal heraus. Selbst nachdem er begonnen hatte, sie zu erzählen, ging Awali nur nach und nach genauer auf seine eigene Rolle dabei ein. Er überstürzte nichts. Es gab keine Widersprüche bei seinen verschiedenen Erzählansätzen. Dankbar drängten wir ihn nicht, sondern ließen ihn die Stücke des Puzzles nach seinem eigenen Gutdünken ergänzen.

Lafontaine war während der vergangenen zwölf Jahre ein in unterschiedlich langen Zeitabständen immer wiederkehrender Kunde gewesen und stellte für Selina und die anderen im Lager

eine vertraute Gestalt dar. Über ihn hatte Awali auch Peronnette kennengelernt, der ihn einmal gebeten hatte, der hohen, unverzierten Schlangengottrommel, die Lafontaine ihm verkauft hatte, einige dekorative Schnitzereien hinzuzufügen. Manchmal brachte »Tambou« ein Blatt Papier mit einer Bleistiftzeichnung mit und beauftragte Awali, das Dargestellte in Holz auszuführen. Zu anderen Zeiten war es ein in der vollen gewünschten Größe auf Papier gezeichnetes Muster, das um ein dreidimensionales Stück Holz gelegt werden konnte. Lafontaine achtete streng darauf, die Papierzeichnungen sofort zu zerreißen, sobald Awalis Arbeit vollendet war.

Wenn er Abbildungen in Büchern benutzte, um Awali zu zeigen, was er wollte, suchte er meist nur Teile eines Gegenstandes aus und kein vollständiges Stück. Er nahm zum Beispiel ein Motiv von einem Tablett und ein anderes von einem Paddel und erklärte, wie er die beiden Muster auf einem Schemel angeordnet haben wollte. Und es gab bestimmte ästhetische Merkmale, die er Awali entwickeln ließ, wie Reliefschnitzereien mit gerundeten statt mit flachen Oberflächen auszuführen. Er hatte die Konturen, auf die es ihm ankam, aus verschiedenen Winkeln gezeichnet und brachte Schnitzereien mit flacher Oberfläche mehrmals zurück, bevor Awali ihn zufriedenstellen konnte.

Obwohl der größte Teil ihrer Geschäfte im Lager hinter seinem Schnitzschuppen abgewickelt wurde, war Awali auch einmal in der Balisierswohnung gewesen und hatte einmal sogar eine Frau getroffen, die mit Tambou zusammenlebte. Er hatte strikte Anweisungen, seine Arbeit ihr gegenüber nie zu erwähnen. Das ginge sie nichts an, habe Tambou gesagt, Frauen könnten den Mund nicht halten.

Oft, erzählte Awali, ließ Tambou ihn einen Gegenstand ohne Verzierungen schnitzen. Dann brachte er ihn zu einem späteren Zeitpunkt wieder, jedoch mit Bleistiftlinien darauf, und wollte das Muster als Relief geschnitzt haben. Oder er brachte einen kleinen Stock oder ein Stück Holz mit und gab genaue Anweisungen über die gewünschten Maße, ohne Awali zu verraten, worum es sich dabei handelte. Bei der Herstellung von manchen Objekten kam es zu mehreren Besuchen Lafontaines im Lager, wobei er darum bat, an einer Seite noch etwas Holz abzuschaben, die Tiefe der Durchbruchbänder zu verstärken oder eine bestimmte Windung im Muster zu ändern.

Etwas, das Awali nie tun durfte, war, die Ziernägel einzufügen. Im Gegensatz zu den Nägeln, die er für seine eigenen Schnitzereien verwandte und die aus Holland kamen, waren Tambous Nägel in Frankreich hergestellt. Sie waren »weiß« statt »rot« und

rosteten folglich mit der Zeit. Awali drückte uns gegenüber seine Mißbilligung dieser Wahl aus, machte aber gleichzeitig deutlich, daß sie nicht in seiner Verantwortung lag. Und ganz sicher habe er nichts mit den Knocheneinlegestücken zu tun, fügte er schnell hinzu.

Vor zwei Jahren etwa hatte Tambou ihm ein Exemplar von *Africains de Guyane* mitgebracht, und einige Sachen, die er anschließend in Auftrag gegeben hatte, waren direkt nach den Abbildungen darin gefertigt worden. Die Strichzeichnungen waren besonders gut als Vorlage geeignet, erklärte Awali, weil sie die Einzelheiten genau wiedergaben. Er ging ins Haus zu einer Holzkiste und brachte eine abgegriffen aussehende Ausgabe des Buches mit hinaus, gerade als Selina mit einem Tablett mit verschiedenen zugedeckten Schüsseln, einer Teekanne, Tellern und Löffeln erschien und alles auf dem Boden abstellte. Während wir in dem Buch blätterten, blieb Awalis Blick an einer Strichzeichnung von einem Detail eines Rührlöffels hängen. »Tambou bat mich, das als ein Kanupaddel zu schnitzen«, vertraute er uns an. »Ein Freund von ihm, der einen Laden hat, besitzt es jetzt. Ich könnte euch hinführen, wenn ihr es euch ansehen wollt. Aber jetzt laßt uns zuerst essen.«

Selina winkte Sally zu einer anderen Ecke der Veranda, wo sie

die Kochtöpfe und eine glänzende Kasserolle zusammen mit kaltem Trinkwasser hingestellt hatte, und reichte ihr einen Teller und einen Löffel. Selbst in der städtischen Umgebung Cayennes wurde der Saramakabrauch, Männer und Frauen bei den Mahlzeiten zu trennen, respektiert. Mit dem Blick auf eine in der Nähe stehende jüngere Frau rief Selina: »Komm und iß mit uns, Frau-meines-Schwagers.« Das war eine merkwürdige Anrede. »Ich komme, Frau-meines-Schwagers«, echote die andere Frau. Sally, die wußte, daß Selina Wortspiele liebte, verstand, daß die Frau mit einem von Awalis Brüdern verheiratet sein mußte. Nach einer köstlichen Mahlzeit, bestehend aus Reis mit in Palmöl gebratenem Fisch darauf, fuhren wir zusammen mit Awali los. Auf der Karte in seinem Kopf gab es keine Straßennamen, aber er dirigierte uns mit der Sicherheit eines Jägers im Regenwald durch Cayenne. Als er uns zeigte, wo wir parken sollten, sahen wir, daß »L'Alouette« unser Ziel war.

Monsieur Revel begrüßte uns überschwenglich. »Es ist schrecklich«, sagte er, als Awali ihn mit »Bonjo'« begrüßte. »Ich sollte auf saramakisch mit Ihnen sprechen, aber ich lerne nur langsam. Ich habe immer noch kein Lehrbuch gefunden, und wenn ich Tapi

bitte, es mir beizubringen – schon zwei Wörter am Tag würden mich weiterbringen, und ich wäre glücklich, habe ich ihm gesagt –, behauptet er immer, er sei zu beschäftigt. Ich schätze, ich muß mir selbst die Schuld dafür geben! Wie heißt das doch gleich? *Waikee-oo*? Habe ich es richtig ausgesprochen? Aber kommen Sie doch herein. Ich freue mich sehr, Sie zu sehen.«

Wir erklärten ihm, daß wir gekommen waren, um die Paddel zu sehen, die er von Monsieur Lafontaine gekauft hatte, und er strahlte und richtete seinen Blick auf die Wand, wo sie den Ehrenplatz einnahmen (32, 58, 110). Awali starrte sie schon seit einer Weile an. Er sah, daß dort nicht drei Paddel hingen, sondern sechs. Neben jedem der dunklen, mit Ziernägeln versehenen Stücke hing eine genaue Kopie, ausgeführt in einem hell glänzenden Hartholz, poliert und ohne Nägel. Revel bemerkte Awalis Interesse.

»Sind sie nicht schön?« schwärmte er. »Natürlich sind die neuen nicht mit den alten zu vergleichen, aber von denen würde ich mich sowieso nie trennen. Deshalb habe ich Tapi gebeten, mir Kopien zum Verkauf zu machen. Ich konnte mich nicht entscheiden, ob sie auch Ziernägel haben sollten wie die Originale. Schließlich sagte mir Tapi, daß es in Ordnung sei, sie wegzulassen, wenn mir das besser gefiele. Ich achte immer darauf, meine Kunden wissen zu lassen, daß sie Reproduktionen kaufen und keine

echten Antiquitäten. Ich verkaufe sie für 2 500 Francs. Bei einer solchen Qualität sehen die Leute das als gutes Geschäft an.« Sein Gesicht wurde von einem zufriedenen Lächeln überzogen.

Awali blickte weiter auf die Wand, während Revel plapperte. »Ich habe die drei dunklen gemacht«, sagte er leise in der Saramakasprache zu uns.

»Gefallen sie ihm?« fragte Revel eifrig. »Was hält er von ihnen? Weiß er, aus welchem Dorf sie stammen? Was hat er gesagt?«

»Er sagt, daß sie wirklich großartig sind«, übersetzten wir. Dann fragten wir Awali, ob er erkannt habe, wer die Kopien gemacht hatte.

»Tapi ist ein Neffe in meiner Erblinie«, sagte er. »Kein Wunder, daß sie gut geschnitzt sind.«

Wir fragten Revel, ob wir die Paddel fotografieren dürften, und er gestattete es voller Begeisterung. Awali posierte mit jedem Paar im Sonnenlicht vor dem Laden.

Auf der Rückfahrt erzählte Awali uns, daß Tambou ihn beauftragt habe, zwei der Paddel direkt von Illustrationen in Huraults Buch zu kopieren, statt von Papierzeichnungen. Als wir im Lager ankamen, zeigte er uns die Modelle. Huraults Abbildung Nr. 30 war nach dem Blatt eines Essensspatels (86) gezeichnet, obwohl sie eher aussah wie ein Griff mit Durchbruchmuster, und die Bild-

unterschrift sprach von einer »spöttischen, verhöhnenden Reduzierung des weiblichen Körpers auf Genitalien und Schenkel, die nicht ohne Reiz ist«. Seine Abbildung Nr. 72 (gezeichnet nach (128) beschrieb Hurault als »eine abstrakte Darstellung der vom übrigen Körper losgelösten männlichen und weiblichen Sexualorgane«.

Hätte Awali lesen können, hätte er sich wahrscheinlich sehr über die Interpretationen im Buch amüsiert. Lafontaine, vermuteten wir, hatte sie dagegen wohl mit ganz anderem Interesse gelesen. Was das dritte Paddel betraf, das wirklich besonders schön war, so berichtete uns Awali, daß sein Muster auf einer einfachen Skizze von Tambou beruhe – drei von einem Halbkreis gekrönte Kreise. Den Rest habe er sich selbst ausgedacht.

Jede Einzelheit, die er über seine Arbeit für Lafontaine preisgab, weckte neue Fragen, aber wir fürchteten, daß ein zu drängendes Nachbohren von unserer Seite den Informationsfluß dämmen könnte. Die Unterhaltung mit Monsieur Revel wandte sich eine Weile der wirtschaftlichen Situation in Suriname zu und dann der Herstellung eines Tisches, den Awali für uns zu schnitzen versprochen hatte. Nach weiterem Geplänkel verabschiedeten wir uns schließlich und fuhren zurück in die Innenstadt.

Erneut dankbar dafür, daß die Verbreitung der französischen Zivilisation es ermöglicht hatte, an der Place des Palmistes innerhalb einer Stunde Fotos entwickeln lassen zu können, brachten wir unseren Film gleich dorthin und breiteten die Schnappschüsse anschließend auf dem Armaturenbrett des Wagens aus.

Da stand der Saramakameisterschnitzer aus den Regenwäldern Surinames und hielt die in fremdem Auftrag geschnitzten Paddel in der Hand, die er auf Anweisung nach einer Skizze aus einem Kunstband von einem französischen Geographen kopiert hatte und die anschließend von einem Schullehrer von der Côte d'Azur mit Ziernägeln versehen, auf alt getrimmt und für ein hübsches Sümmchen an einen schicken Souvenirladen verkauft worden waren. Und in der anderen Hand hielt er eine »qualitativ hochwertige Nachbildung«, für die Touristen auf Andenkenjagd gern

das Vierfache von der Summe bezahlten, die er selbst für die Anfertigung der »Originale« bekommen hatte.

Welche Ironie. Aber was ist schließlich vielschichtiger als das Verhältnis von Original und Nachbildung? Besonders, wenn es dabei um Geld geht.

Man betrachte zum Beispiel den Fall von J. S. G. Boggs, einem US-Amerikaner, der sich auf Gemälde und Zeichnungen, die Geldscheinen ähneln, spezialisiert hat. Obwohl seine »Kopien« nur auf einer Seite bemalt oder gezeichnet sind und Formeln wie »$E=mc^2$«, »LSD« oder »Federal Reserve Not« enthalten, behauptet der Geheimdienst, daß er ein Fälscher sei. Boggs entgegnet, daß sie »den Unterschied zwischen Kunst und einer kriminellen Handlung nicht verstehen«. Und damit hat er nicht Unrecht. Statt seine Kunst über Galerien zu verkaufen, inszeniert Boggs eine Art Performance, indem er sein »Geld« für Waren oder Dienstleistungen ausgibt und jedem Geschäftsinhaber erklärt, daß er Künstler sei und einen »Tauschhandel« machen wolle. Für jeden »Verkauf« verlangt er eine Quittung und Wechselgeld in richtigem Geld, was er dann beides an Sammler verkauft, die die Quittung benutzen, um die Eigentümer der Scheine aufzuspüren und ihnen anzubieten, sie zu kaufen. »Jede Transaktion ist erst dann vollständig, wenn alle Elemente des Handels – die Boggs-Geldnote, das Wech-

selgeld und die Quittung – gerahmt an der Wand eines Sammler hängen«, erklärte ein Zeitungsartikel. In einem Geldfälscherprozeß in England im Jahr 1987 wurde Boggs freigesprochen und bezahlte seine Anwälte mit Zeichnungen. Boggs schätzt, daß er seine Scheine während der vergangenen acht Jahre für »mehr als 250 000 Dollar in Waren und Dienstleistungen« eingetauscht hat, »darunter Mahlzeiten, Hotelübernachtungen, Flugtickets, Kleider und ein Motorrad«.

Am Abend im »Chez Ginette« ließen wir den ereignisreichen Tag noch einmal an uns vorbeiziehen: die Feststellung, daß Lafontaine Kopien von Kunstgegenständen aus unserem Buch in Auftrag gegeben hatte, das Gespräch mit Konfa, das Treffen mit der Direktorin, Awalis vielfältige Enthüllungen über seine Arbeit für Lafontaine und die Entdeckung von Kopien kopierter Paddel, die Revel an Touristen verkaufte. Später reduzierten wir den Inhalt unserer Flasche Scotch weiter und sprachen über das Ausmaß von Lafontaines Aktivitäten.

Awali hatte uns eine große Zahl von Abbildungen und Illustrationen in Büchern gezeigt, die Lafontaine ihn hatte kopieren lassen, aber wir hatten nur eine begrenzte Anzahl der von ihm auf

diese Weise hergestellten Objekte gesehen. Umgekehrt hatten wir viele Fotos von Objekten, die Awali, teilweise unter Mithilfe von Selina und seinen Mitarbeitern, als solche identifiziert hatte, die er nach Skizzen von Lafontaine angefertigt hatte, die wir aber trotz ausgiebiger Suche in Büchern nicht auf eine Abbildung zurückführen konnten. In Anbetracht der Masse von Gegenständen, die Awali nach eigenen Angaben für Lafontaine geschnitzt hatte – Dutzende von Kämmen, Paddeln, Holzspateln, Trommeln und Tabletts –, und unter Hinzuzählung der beträchtlichen Menge, die Konfa beschrieben hatte, mußte es dort draußen in der Welt mehrere hundert Fälschungen geben, die wir nie zu Gesicht bekommen hatten. Wie viele davon, fragten wir uns, befanden sich in den großen Museen? Wie viele in Privatwohnungen in Amsterdam, Berlin und Paris?

Der komplexe Begriff der Fälschung und die Frage unserer eigenen moralischen Verantwortung ergaben zusammen ein recht verzwicktes Problem. Wir dachten an Ernst Gombrichs Einwand, daß ein Kunstwerk in sich selbst keine Fälschung sein könne – daß Aussagen zwar wahr oder falsch sein könnten, nicht aber Bilder. Kunst könne nicht wahr oder falsch sein, gab Gombrich zu Bedenken, genauso wenig, wie Aussagen blau oder grün sein können. Was bedeutet, daß die Täuschung durch die Zuschreibungen,

Etiketten und Geschichten über die Kunstobjekte stattfindet, aber nicht durch die Objekte selbst. Daraus folgt, daß Fälschungen nicht von Künstlern geschaffen werden, sondern von den Experten, die die Zuschreibungen kraft ihrer Autorität vornehmen. Wie Orson Welles einmal bemerkte: »Experten sind ein Gottesgeschenk für den Fälscher.«

Wie konnten wir verhindern, daß die Objekte, die Lafontaine in den Markt geschleust hatte, nicht dauerhaft mit falschen Zuschreibungen belegt wurden? Indem wir ihre wahre Herkunftsgeschichte publik machten – was nicht nur bedeutete, darüber zu schreiben, sondern auch, die örtliche Museumsdirektorin zu informieren und Briefe an Museen auf der ganzen Welt zu schicken, die diese Art von Kunst kauften. Wir würden einfach hoffen müssen, daß sich in zwanzig oder dreißig Jahren, wenn manche Stücke aus den Privatsammlungen an die Museen weitergegeben würden, zumindest ein paar Kuratoren an diesen Fall erinnerten.

Die Frage stellte sich, wer in der Zwischenzeit eigentlich geschädigt wurde. Awali und Konfa? Das Volk der Saramaka? Lafontaines Freunde und andere Privatkunden? Das neue Museum und seine Besucher? Der französische Staat? Das »kulturelle Erbe« Französisch-Guayanas? Die Welt der Bildung? Wer war

betroffen und auf welche Weise? Was stand auf dem Spiel? Was waren die Folgen? Und für wen? Als Anthropologen neigten wir dazu, Fälschungen als kulturelle Konstrukte anzusehen, bei denen bestimmte Kulturen zu einem bestimmten historischen Zeitpunkt deutliche Vorstellungen davon haben, was bei der Verwendung von künstlerischen Vorbildern den Gebrauch vom Mißbrauch unterscheidet. Aber diese Ansicht wirft viele Fragen auf. Wenn es einen fließenden Übergang von der »legitimen Nachahmung« zu der »ausbeuterischen Fälschung« gibt, was sind dann die variablen Richtwerte – in unserer Welt, zur gegenwärtigen Zeit –, nach denen bestimmte Fälle in ein moralisches Universum eingeordnet werden? Ab wann beginnt das Aneignen und Wiederverwerten, das jeder Kunstform eigen ist, die Rechte anderer zu verletzen? Und wie sollen kulturelle Unterschiede und Unterschiede in Macht und Einfluß in dieses System miteinbezogen werden?

Im Vorjahr hatten wir an einigen themenverwandten Diskussionen teilgenommen, die uns jetzt bei unseren Überlegungen zugute kamen. Als Mitglieder der »Working Group for a New American Sensibility« (Arbeitsgruppe für eine neue amerikanische Sensibilität), die vom National Public Radio und dem Mexikanischen Museum von San Francisco gesponsert wurde, hatten wir

ein Arbeitspapier zu Fragen des kulturellen Eigentums beigetragen und fruchtbare Anregungen aus der Debatte der Gruppe darüber erhalten. Das ganze Thema »Kulturelles Eigentum« war dabei ausführlich besprochen worden, einschließlich der Frage, ob künstlerische Ideen und Ausdrucksformen (manchmal? immer?) einer Einzelperson oder einer gesellschaftlichen Gruppe gehörten. Mari Matsuda, eine japano-amerikanische Juristin und autodidaktische »kritische Rassentheoretikerin«, hatte über die Schwierigkeiten bei den Bemühungen gesprochen, den mächtigen und spezifisch anglo-amerikanischen Eigentumsbegriff, wie er im US-amerikanischen Recht angewandt wurde, zu relativieren. Suzan Harjo, eine Bürgerrechtlerin der Cheyenne, hatte auf das Gesetz zum Schutz von Kunst und Handwerk der Indianer aufmerksam gemacht, das im Jahr 1990 vom Kongreß erlassen worden war und unter anderem dazu dienen sollte, kulturübergreifende künstlerische »Anleihen« im Hinblick auf unterschiedliche Machtverhältnisse zu überwachen. Das Hauptproblem waren nach ihrer Auskunft die »Pseudoindianer, die so tun, als seien sie wir, Dinge herstellen, die aussehen, als seien sie von uns gemacht, und eine Menge Geld damit verdienen (oder vielleicht auch nicht), aber uns auf jeden Fall vermarkten und den Verdienst nicht den wirklichen Indianern zukommen lassen«.

Bernice Johnson Reagon, Kuratorin an der Smithsonian Institution und Leadsängerin der Gruppe »Sweet Honey in the Rock« betrachtete die Nachahmung und Hinzuziehung von afroamerikanischen Stilen als unvermeidlich, zog die moralische Grenze aber da, wo es ums Geldverdienen ging. Wie schon Ralph Ellison vor ihr war sie bereit, die Aneignung schwarzer Stilformen durch Weiße (ob Tanz, Musik oder Kleidung betreffend) als eine Art indirektes Kompliment anzusehen – aber nur, solange damit keine Profite gemacht wurden. Wenn diese Grenze überschritten wird, lautete die Argumentation, wird aus dem Kompliment Diebstahl, und die Folge davon ist eine berechtigte Wut.

Was die Fälle betraf, die wir bei diesem Treffen zur Diskussion gestellt hatten (dabei ging es um die kommerzielle Verwendung von Bildern und Mustern aus anderen Kulturen auf Buchumschlägen), so wollten die Gruppenmitglieder zuerst Antworten auf eine Reihe von Fragen, bevor sie sich eine Meinung bildeten. Wie genau ahmten die »Kopien« die »Originale« nach? Wurde auf die Quellen verwiesen und wenn ja, in welcher Form? Welche Gewinne wurden durch die Kopien erzielt und an wen gingen sie? Welche Beziehung bestand zwischen dem ursprünglichen Künstler und dem Entleiher? Welche Beziehung bestand zwischen der Kultur des Künstlers und der des Entleihers? Wie sah die Vertei-

lung von Macht und Informationen unter den Beteiligten aus? Und vor allem, übertönte die künstlerische Nachahmung oder Bearbeitung die ursprüngliche Stimme? Wir füllten unsere Gläser nach und sprachen über die These, daß Autoren sich ähnlich verzwickten moralischen Fragen gegenübersehen, daß sie ständig mit den Ungleichheiten an Macht und Wissen zwischen sich und den von ihnen behandelten Personen jonglieren müssen, egal, ob sie einen Zeitungsartikel, eine anthropologische Monographie oder einen Roman schreiben. Janet Malcolms kühne Behauptung im *New Yorker*, daß die Arbeit des Journalisten »moralisch nicht vertretbar« sei, daß »er eine Art Vertrauensperson« sei, die ihre Subjekte unvermeidlicherweise »verrate«, hätte ihre Kollegen wohl nicht so aufgebracht, wenn nicht etwas Wahres daran wäre. Einige der veröffentlichten Reaktionen auf ihren Artikel, welche Professor Hertzman uns freundlicherweise nach dem Princeton-Seminar hatte zukommen lassen, halfen uns zu verstehen, wie sehr das Schreiben über persönliche Erfahrungen (was alle Autoren mit mehr oder weniger großem Abstand tun) auch die Einsicht in eine moralische Verantwortung erfordert. In dem kommentierenden Artikel, den er uns geschickt hatte, wurde Joan Didions Bemerkung zitiert, daß sie »von so kleiner Gestalt, von so

zurückhaltendem Temperament und so neurotischer Unartikuliertheit« sei, »daß die Leute oft vergessen, daß meine Gegenwart ihren persönlichen Interessen entgegensteht. Und das tut sie immer«, betonte sie. »Das ist etwas, was man nie vergessen darf: *Autoren verraten immer jemanden.*«

In demselben Artikel führte Lawrence Weschler eine Passage an, die er vor kurzem über ein Erlebnis in Uruguay geschrieben hatte:

»Ich interviewte General Hugo Medina, den früheren Juntachef, der jetzt Verteidigungsminister war. Er sagte, daß sie Menschen während der Militärdiktatur manchmal sehr ›energisch‹ verhört hätten. Und ich fragte: ›Energisch‹? ... Er schwieg einen Moment, aber sein Lächeln verschwand nicht. Für ihn war dies eindeutig ein Katz-und-Maus-Spiel. Sein Lächeln entsetzte mich, aber ich merkte auf einmal, daß ich schon begonnen hatte zurückzulächeln (es schien klar, daß das Interview an einem Wendepunkt angekommen war: Entweder lächelte ich zurück und zeigte dadurch, daß ich ein Mann war, der Verständnis für solche Dinge hatte, oder das Interview war vorzeitig beendet). Also lächelte ich und war doppelt entsetzt darüber, daß ich mitlächelte. Ich bin sicher, daß er das bemerkte, denn sein Lächeln wurde nur noch breiter, weil er es geschafft hatte, mich zum Lächeln zu zwingen,

und weil ich so offensichtlich entsetzt darüber war. Er hatte mich einfach in der Hand.«

Weschler kommentiert dazu: »Aber in dem Moment, in dem ich schreibe ›Er hatte mich in der Hand‹, habe ich *ihn* natürlich in der Hand. Ich habe das letzte Wort. Ich kann nun das breite Grinsen aufsetzten.«

Welche Konsequenzen sollten wir nun für uns daraus ziehen?

Am nächsten Morgen fuhren wir mit unserem Stapel von Fotos, die mittlerweile mehr als hundert zählten, zu Awalis Lager. Wir setzten uns zusammen auf kleine Schemel unter den Cashewbaum und gingen die Bilder nacheinander durch, wobei wir hofften, daß Awali uns noch mehr über die Vorlagen der Stücke sagen würde. Hin und wieder rief er Selina oder einen der Männer, die im Schuppen nebenan Hocker schnitzten, zur Auffrischung seines Gedächtnisses hinzu. Innerhalb der Werkstatt war seine Arbeit für Lafontaine offenbar allen bekannt.

Er identifizierte viele Stücke als seine eigene Arbeit, die er am Tag zuvor noch verleugnet hatte. Bei einigen kleineren Objekten mochten sein Schweigen und sein gequälter Gesichtsausdruck von der Schwierigkeit hergerührt haben, sich an so unbedeutende

Aufträge zu erinnern, die er vor vielen Jahren ausgeführt hatte. Aber die meiste Zeit über mußte er einfach unsere Haltung getestet haben. Während er sprach, fragten wir uns, wie viele Stücke er wohl für sich in Anspruch nahm, die in Wirklichkeit andere Saramaka gemacht hatten – seine Rivalität mit Konfa war tief verwurzelt, und er betonte mehrmals, daß er sich als den besten Schnitzer in Französisch-Guayana betrachte.

Ehe er sagte, ob er ein bestimmtes Objekt gemacht hatte oder nicht, fragte er häufig, was Tambou uns erzählt hatte, und viele seiner Angaben vermieden ein klares Ja/Nein-Muster. Manchmal sagte er einfach, daß ein bestimmtes Stück »ziemlich genauso« aussehe wie etwas, das er einmal für Tambou geschnitzt habe. Wir verstanden erst jetzt richtig, was für einen Schock wir ihm in aller Unschuld versetzt haben mußten, als wir im vergangenen Jahr die Tür zum Museumslager geöffnet und Lafontaines Sammlung enthüllt hatten. Und wie falsch wir seine Reaktionen interpretiert hatten.

Selina übernahm die Rolle einer diskret warnenden Anwältin, stieß ihren Mann hin und wieder mit dem Ellbogen in die Seite oder flüsterte ihm etwas Unverständliches zu, um sicherzustellen, daß er uns wirklich soviel verraten wollte, wie er es gerade tat. Immer wieder blätterte Awali durch unser Kunstbuch oder das

von Hurault und zeigte auf Objekte und Motive, die Tambou ihn zu kopieren beauftragt hatte.

Manchmal entdeckte er Ähnlichkeiten zwischen unseren Schnappschüssen und Abbildungen in den Büchern, die wir nicht bemerkt hatten. Er zeigte uns zum Beispiel, daß eines von Peronnettes Tabletts (123) direkt nach Huraults Tafel XVI (27) geschnitzt worden war und ein anderes nach Huraults Tafel XVII. Aber er glaubte nicht, jemals beauftragt worden zu sein, direkt aus unserem eigenen Buch zu kopieren. Während wir mehr und mehr Übereinstimmungen entdeckten und diese mit Awali besprachen, wurde deutlich, daß Abbildungen aus unserem Buch immer über die Vermittlung einer Skizze oder eines Papiermodells von Lafontaine zur Nachbildung in Auftrag gegeben wurden.

Hin und wieder, berichtete Awali, ließ Tambou ihn selbst Muster für bestimmte Objekte vorschlagen. Er wies uns darauf hin, daß beispielsweise eines der »antiken« Tabletts in Peronnettes Haus nach einer modernen Tischplatte gebildet worden war, die er vor Jahren angefertigt hatte. Beim Schnitzen des Tabletts hatte er eines der Fotos aus der dicken Mappe, die er als Katalog für die Touristen verwendete, als Vorlage benutzt.

Nach einem von Selina servierten zweiten Frühstück drückte Awali sein Interesse aus, den Satz Musikinstrumente zu sehen,

den das Museum von Lafontaine gekauft hatte. Unser Gespräch hatte ihn begierig gemacht, die Ergebnisse der Stückarbeit zu sehen, die er während der vergangenen Jahre geleistet hatte, und die dahinterstehenden größeren geschäftlichen Transaktionen zu verstehen. Es war uns immer klargewesen, daß Awali, der seinen Lebensunterhalt mit der Holzschnitzerei verdiente, auch ein kluger Geschäftsmann war und tägliche Kalkulationen über seine Produktion, die Preise und den Markt anstellte. Wir hatten diese Seite der Saramakaschnitzkunst immer in dem Zusammenhang betrachtet, daß jeder professionelle Künstler, von Rembrandt bis Rauschenberg, sich auch um die finanzielle Seite seines Metiers kümmern muß. Aber wir wußten ebenfalls, daß manche westlichen Kunstautoritäten den »primitiven« Künstlern dieses Recht nicht zugestehen wollten und behaupteten, daß deren Produkte nicht mehr »authentisch« seien, sobald sie Kunst zum Verkauf herstellten und nicht mehr allein für den »Gebrauch der Eingeborenen«. Daher war es kein Wunder, daß eine Reaktion mancher Afrikaner auf den wachsenden Appetit des internationalen Kunstmarktes auf Kunstgegenstände ihrer Kulturen darin bestand, beispielsweise der Herstellung und künstlichen Alterung einer Maske ein extra inszeniertes »Dorfritual« folgen zu lassen, das auf Video

aufgenommen wurde, um das Objekt als echten Ritualgegenstand zu bestätigen.

Wie die Künstler in vielen Gesellschaften hatte auch Awali sich nie der Illusion hingegeben, daß Kunst und Profit einander ausschlossen. Ebensowenig hatte er als Saramaka die künstlerische Nachbildung als ein moralisches Problem angesehen – allerdings im Gegensatz zu dem tradierten historischen und rituellen Wissen, das für die Saramaka sehr wohl ein kollektives Erbe darstellt, welches streng vor der Aneignung durch Außenseiter geschützt werden muß. Wenn Awali für seine Frauen und für sich selbst schnitzt, tut er das nach seinen eigenen ästhetischen Vorstellungen, aber wenn er kommerziell arbeitet, berechnet er seine Zeit, das Material und die Lohnkosten wie jeder Geschäftsmann. Und er ist bereit, so ziemlich alles anzufertigen, was seine Kunden verlangen, solange er anständig dafür bezahlt wird. In seiner Geschäftsbeziehung mit Tambou hatte er immer das Gefühl gehabt, daß dies der Fall war.

Als wir in den Lagerräumen des Museums angekommen waren, begann Awali, sorgfältig die beiden Banjos zu untersuchen. Er erklärte uns, daß er jedes ihrer Teile hergestellt habe, ausgenom-

men der Kalebassenresonanzkörper, der Tragegurte aus Pflanzenfasern und der Knochenscheiben an einigen der Stimmwirbel. Als wir erwähnten, daß die Dokumentation des Museums den Bezug der Instrumente als »Affenhaut« bezeichnete, lachte er in sich hinein und bestätigte unsere frühere Vermutung, daß er, genau wie das Fell der meisten Trommeln, aus Hirschhaut bestand. Er sagte uns auch, daß er nach und nach alle hölzernen Teile des dritten »Banjos« angefertigt habe und ebenso die der Cellos und ihrer Bögen, aber daß Tambou oder ein anderer die Schildkrötenpanzer, die Stachelrochenstachel, die Knochenscheiben und die Pferdehaare hinzugefügt haben mußte. Alle drei staunten wir darüber, wie zusammengesetzt und nachbearbeitet die Instrumente auf den zweiten Blick wirkten: Metalldrähte waren hinzugefügt worden, um Verbindungsstücke zu verstärken, entfernbare, geschnitzte Holznägel verzierten die Bögen, und selbst die Resonanzkörper waren aus mehreren Elementen zusammengefügt. Awali machte noch eine andere Beobachtung, die ihn zum Lachen brachte: »Ist euch je aufgefallen«, fragte er wie Sherlock Holmes, der sich an Watson wendet, »daß Holz, wenn es dunkelt, auch eine mittlere Schattierung durchläuft? Diese Sachen hier sind interessanterweise entweder hell oder dunkel, kein einziges Stück befindet sich im Prozeß des Dunkelns!«

Awali erinnerte sich, die meisten Teile der Harfe gemacht zu haben, einschließlich des Sockels, auf dem sie stand, glaubte jedoch nicht, daß er den oberen Teil des Resonanzkastens, der mit dem Gürteltierpanzer verbunden war, angefertigt hatte. Er betrachtete lange den zur Harfe gehörigen Hocker mit der runden Sitzfläche und schüttelte verwundert den Kopf. Im Laufe eines längeren Zeitraums und immer unterbrochen von anderen Aufträgen, habe er jedes einzelne seiner Teile geschnitzt – natürlich bis auf die Knocheneinlegearbeiten, die Lafontaine dem Sitz hinzugefügt haben mußte. Aber er hatte nie Grund gehabt zu vermuten, daß diese Einzelteile zusammengefügt werden würden, um ein neues Ganzes zu bilden. Deshalb paßten auch die Kanten nicht richtig aneinander, erklärte er. Wir mußten lachen, als wir uns daran erinnerten, daß Awalis Name bei unserem Besuch bei Lafontaine das erste Mal aufgetaucht war, als Lafontaine uns anvertraute, daß Awali die Holznägel geschnitzt habe, die zur »Reparatur« des Hockeruntersatzes verwendet worden waren.

Ein Regal im Depot war für eine bevorstehende Ausstellung gekennzeichnet worden, die den Titel »Meisterwerke des Museums von Französisch-Guayana« trug, und dort fanden wir auch das Banjo und das Seitenhorn, das uns an die von Stedman gesammelten Artefakte aus dem achtzehnten Jahrhundert erinnert hatte.

Das andere Horn lag neben einem fast leeren Becher mit Guavenjoghurt im Restaurierungsraum. Zwei seiner Tasten waren abgefallen und warteten darauf, mit neuem Leim wieder eingefügt zu werden. Awali sagte, er habe die beiden Seitenhörner gemacht, aber Tambou habe darauf bestanden, das Durchbohren selbst vorzunehmen und war offenbar für die Knochentasten und die Tragebänder aus Pflanzenfasern verantwortlich. Er erinnerte sich auch lebhaft an den Tag, als Tambou ihm befohlen hatte, die Oberflächen rauh zu lassen.

»Wären sie nicht schöner, wenn ich sie mit Sandpapier abschmirgeln würde?« hatte Awali vorgeschlagen.

»Vielleicht«, hatte Tambou geantwortet, »aber die Mühe lohnt sich nicht. Ich werde diese Hörner sowieso brennen, wenn sie fertig sind.«

»Brennen?« Awali glaubte zuerst, ihn nicht richtig verstanden zu haben. Es kam oft zu Mißverständnissen zwischen ihnen wegen der sprachlichen Kompromisse, die sie eingehen mußten. Sie taten beide ihr Bestes, Patois zu sprechen. Awali hatte geglaubt, *brilé* gehört zu haben. Aber vielleicht war es auch ein französisches Wort gewesen, das er nicht kannte. »Was sagten Sie, wollen Sie tun?«

»*Brûler*. Ich werde sie mit meiner Lötlampe bearbeiten.«

»Aber warum?«

»Damit sie alt aussehen.«

Das gab Awali Stoff zum Nachdenken. Saramaka betrachten die Entwicklung von Kunst im allgemeinen als eine Art evolutiven Prozeß: Das Vergehen der Zeit führt zu Fortschritt und Verbesserungen, die Künstler des späten zwanzigsten Jahrhunderts sind geschickter, als ihre Großeltern es waren, und die Abnutzung eines Gegenstandes im Laufe der Jahre vermindert seinen Wert. Für die Saramaka stellt das Alter eines Objektes an sich keinen Wert dar. Der Wert von älteren Dingen entspringt ihrer gesellschaftlichen und geschichtlichen Bedeutung, ihrer Funktion als Bewahrer bestimmter gefühlsträchtiger oder historischer Erinnerungen. Awali wußte jedoch zum Teil durch die Erfahrungen, die er machte, wenn er hin und wieder eine Schnitzerei aus Saramakaland zum Verkauf nach Cayenne brachte, daß die Weißen für alte Sachen mehr bezahlten. Aber das war das erste Mal, daß er davon hörte, daß man Alter auf technischem Wege herbeiführen konnte.

Auf dem Weg zum Depot hatte Awali uns gesagt, daß jeder seiner Aufträge von Tambou seiner Einschätzung nach angemessen bezahlt worden war, wenn man danach ging, wieviel Zeit er jeweils für sie gebraucht hatte. Nachdem wir die Instrumente un-

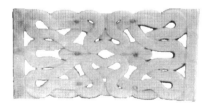

tersucht hatten, erwähnten wir, daß das Museum Lafontaine fünfundzwanzig Millionen Centimes für sie bezahlt hatte.

Er ließ einen Pfiff ertönen. Nach einer Weile erklärte er, daß alles Geld, das Tambou ihm während der letzten Jahre bezahlt habe, zusammengenommen noch nicht einmal ein Zehntel dieser Summe ergebe.

»Wenn Tambou das nächste Mal vorbeikommt«, sagte er lächelnd, »werde ich ihm wohl sagen, daß meine Preise gestiegen sind.«

Beim Mittagessen stellten wir eine Liste der Gegenstände zusammen, die Awali nach eigener Auskunft für Lafontaine angefertigt hatte. Von Peronnettes Sammlung hatte er das Paddel gemacht, die beiden geflügelten Tabletts und den Hocker sowie den Wäscheklopfer, die *Apinti*-Trommel, zwei andere Tabletts und den größten Teil der Kassawamühle. Das Paddel und die Kassawamühle waren sogar ein derart großer Erfolg in seinem Lager gewesen, daß er beschlossen hatte, eine Kopie des Paddels für seinen eigenen Gebrauch im Saramakaland zu machen, und Selina hatte ihn dazu gebracht, eine kleinere Version der Mühle herzustellen, mit der sie zu Hause in ihrem Dorf arbeiten konnte.

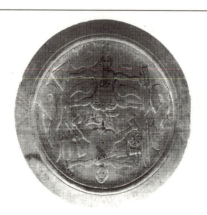

Madame Charrières geflügeltes Tablett und der Löffel waren ebenfalls seine Arbeit, er hatte sie vor drei oder vier Jahren angefertigt, schätzte er. Und er hatte die beiden Kämme sowie den »indianischen« Schöpflöffel in Lafontaines Wohnung geschnitzt, von dem dieser behauptet hatte, er komme aus Matto Grosso. Von der großen Zahl an Gegenständen, die wir im Vorjahr zusammen mit Awali im Nebengebäude des Museums betrachtet hatten, besaßen wir jetzt nur eine unvollständige Reihe von Fotos als Gedächtnisstütze für unsere Diskussionen. Aber Awalis Hand war deutlich überall zu erkennen. Er hatte die meisten der Teile geschnitzt, die schließlich zu dem schönen, aber ein ethnographisches Durcheinander darstellenden Kanubug zusammengesetzt worden waren. Er hatte alle Stimmwirbel an den Instrumenten gemacht (manche davon waren einzeln und zu verschiedenen Zeiten in Auftrag gegeben worden). Obwohl er sagte, daß er damals nicht gewußt habe, was er da schnitzte, erkannte er jetzt die aus Holz bestehenden Teile der Mandolinen wieder und staunte darüber, wie sie später mit den Tierpanzern, den Knochenstücken und den Saiten verbunden worden waren. Es gab sogar ein paar Objekte, für die er selbst Einzelteile zusammengefügt hatte. Nach Tambous Anweisungen hatte er die hölzernen Mundstücke und die glockenförmigen Erweiterungen an den Wasserbüffelhörnern,

der Muschelschale und dem Gürteltierschwanz, den Tambou, wie er ihm sagte, aus Brasilien mitgebracht hatte, angefügt.

Was die Objekte betraf, die wir uns in einem Schlangengottschrein am Sara Creek vorgestellt hatten und von denen Lafontaine behauptet hatte, daß sie von dem Bergbauingenieur Monsieur Breton stammten, so hatte Awali die meisten davon ebenfalls gemacht. Awali sagte, Tambou habe ihn angewiesen, zwei Motive auf einer Seite unseres Kunstbuches (69, 106) für die kleine Tür (13) zu kombinieren. Der Kopf und der Griff des Kassawarechens waren separat in Auftrag gegeben worden. Da ihm nie gesagt worden war, daß sie zusammengefügt werden sollten, hatte Awali keine Gelegenheit gehabt, gegen die falsche Anbringung des Griffs einzuschreiten. Er hatte sowohl das Gesicht der Maske als auch die beiden Ohren auf der Grundlage von Zeichnungen geschnitzt, die ihm im Abstand von mehreren Monaten gebracht worden waren. Später irgendwann war Tambou mit dem Gesicht wiedergekommen und hatte eine Veränderung der Mundform verlangt. Und der Riesenphallus war, wie Awali kichernd zugeben mußte, ebenfalls sein Werk.

Eine ganze Reihe dieser Objekte war ausgesprochen schön. Wenn wir moralische Bedenken und das Problem der Aneignung fremden Kulturgutes einmal außer acht ließen, mußten wir zuge-

ben, daß Lafontaine erfolgreich als Geburtshelfer für eine ausgeprägte, optisch interessante Variante der Saramakakunst fungiert hatte. Und die Entwicklung endete damit nicht. Das zweite Paddel, das Awali nach dem von Lafontaine in *Africains de Guyane* entdeckten Paddel geschnitzt hatte, befand sich nun in seinem Saramakadorf, wo andere Saramakaschnitzer wahrscheinlich ihre eigenen Variationen davon herstellten.

Auf dem Weg zu unserem letzten Treffen mit der Museumsdirektorin gestatteten wir uns die Frage, ob wir Angst haben sollten. War es möglich, daß Lafontaine über unsere Nachforschungen Bescheid wußte? Ob Awali ihm von unseren Gesprächen erzählen würde? Wir konnten es uns nicht leisten, das zu glauben, wenn wir in der Sache weiterforschen wollten, aber die Unsicherheit blieb. Wir bedachten auch die Möglichkeit, daß wir Awali in Gefahr bringen könnten. Wenn seine Aussage den Hauptbeweis für Lafontaines Machenschaften darstellte, könnte dieser dann nicht vielleicht versuchen, ihn zum Schweigen zu bringen? Doch als wir im Geist eine Liste all der Schnitzer aufstellten, die an den Aufträgen beteiligt waren, sowie der anderen Saramaka, die wußten, was da vor sich ging und es bezeugen konnten – und da auch Lafontaine wußte, wie viele Mitwisser es gab –, glaubten wir, zumindest diese Sorge beruhigt beiseite schieben zu können.

Andere ließen sich weniger leicht abtun. Mehrmals schon hatte eine Welle der Angst Sally überkommen, und wir brauchten jedesmal eine Weile, um die Furcht durch vernünftige Überlegungen wieder zu vertreiben. Manchmal geschah es mitten in der Nacht, und sie wachte schweißgebadet auf. Manolos Geschichte über den gestörten Priester fiel uns immer wieder ein. Aber wir wollten auch nicht paranoid werden.

Wir brachten die Direktorin auf den neuesten Stand unserer Entdeckungen, ohne allzu viele Einzelheiten zu verraten. Nach der Beschreibung von Lafontaines ungewöhnlicher Stückwerkmethode sagten wir ihr, daß wir noch nie von einem »Fälscher« gehört hätten, der auf diese Weise vorging. Aber wir machten auch deutlich, daß wir immer noch einigen Hinweisen nachgingen und erwarteten, innerhalb der nächsten Tage in der Lage zu sein, genauere Informationen über viele Stücke in Lafontaines Sammlung vorzubringen. Auf jeden Fall, sagten wir, seien die »antiken« Instrumente, die sie im vergangenen Jahr gekauft hatte, neueren Datums.

Daraufhin ließ sie eine kleine Rede darüber vom Stapel, wie sehr die Glaubwürdigkeit des Museums, ebenso wie ihre berufli-

che Stellung, von dem korrekten Umgang mit dieser Information abhinge. In der Folge der Finanzskandale in der Departementverwaltung sei sogar gerade am Vortag eine Anordnung ergangen, daß jeder, der für öffentliche Gelder verantwortlich war, was eben auch sie selbst betreffe, einen rechtlich bindenden Eid auf die ordnungsgemäße Verwaltung dieser Gelder schwören müsse. Diese neue Ebene der Rechenschaftspflicht, sagte sie, verbiete es ihr, von Fälschungen zu wissen, ohne sofort entsprechende Schritte einzuleiten.

Die Direktorin erklärte weiter, daß sie Verbindungen zu Leuten habe, die ihr helfen könnten, diskreten Druck auf Lafontaine auszuüben, indem sie seine Steuererklärungen überprüften (auf denen er sämtliche Einkünfte aus seinen Verkäufen angeben mußte) und sich auch die seiner Freunde ansahen, denen er Objekte verkauft hatte (und die diese Objekte als Vermögenswerte auflisten mußten). Das werde ihre Verhandlungsposition stärken, wenn sie beschließen sollte, ihn auf der Grundlage eines unbekannten französischen Gesetzes zu zwingen, einen stillen Austausch der Instrumente und der 250 000 Francs zu akzeptieren, also eine Art Annullierung des Kaufs.

Sally fragte sie, ob ihr Aussagen Lafontaines über Alter und Herkunft der Stücke, die er dem Museum verkauft hatte, vorlä-

gen. Die Direktorin zog ein Dossier heraus und zeigte uns eine maschinengeschriebene Seite, die eine Beschreibung der Stücke und eine Zusammenfassung der Geschichte über die Quelle in Paramaribo enthielt. Rich bemerkte, daß es keine Unterschrift gab. Die Direktorin räumte ein, daß sie ihn hätte veranlassen sollen, seine Aussage, die sie aufgrund seiner mündlichen Version schriftlich niedergelegt hatte, zu unterschreiben, aber sie nahm das Versäumnis nicht weiter tragisch und meinte, daß es nicht schwer sein dürfte, seine Unterschrift unter irgendeinem Vorwand auf ein Stück Papier zu bekommen. Das erinnere sie, sagte sie lachend, an ein anderes »Echtheitszertifikat«, das Lafontaine vor kurzem für einige indianische Objekte, die er an ein anderes Museum in Cayenne verkaufen wollte, gebracht hatte und das auf seiner Erklärung beruhte, daß er die Sachen aus Brasilien herausgeschmuggelt habe.

An die getippte Seite waren ihre Anträge von 1990 an die Departementregierung und das Direktorat der französischen Museen angefügt, mit denen sie 250 000 Francs für den Ankauf der Instrumente und 50 000 Francs für ein professionelles Gutachten beantragt hatte. Bei einem früheren Treffen hatte sie sich beeilt, uns mitzuteilen, daß das Geld für das Gutachten nie angekommen sei, doch Sally fragte zur Sicherheit noch einmal nach und be-

merkte, wie merkwürdig es doch sei, daß die Geldgeber eine solche Summe bewilligten, ohne eine Bescheinigung der Echtheit zu verlangen. Die Direktorin zuckte die Achseln und versicherte uns, daß sie das Geld nie erhalten habe.

Im selben Dossier entdeckten wir unser erstes Fax aus Stanford. Unsere aus vier Sätzen bestehende Meinungsäußerung zu den Instrumenten war mit einem gelbem Leuchtstift markiert, so daß wir uns fragen mußten, ob das Fax nicht vielleicht dazu benutzt worden war, die Anforderungen der Regierung bezüglich eines Gutachtens zu erfüllen.

Was wir der Direktorin zu sagen hatten, gehörte wahrscheinlich zu den letzten Dingen, die sie hören wollte. Ihr neuester Plan für das Museum sah vor, daß die Besucher durch die Abteilungen der Indianer und Maroons geschleust werden und dann über eine beeindruckende Rampe in den oberen Teil des Museums geführt werden sollten, wo sie sich als erstes einem Instrument aus einem »Kreolenorchester des achtzehnten Jahrhunderts« gegenübersehen würden, dem Emblem für einen Ausstellungsbereich, der der »Culture Créole« gewidmet sein sollte. Das war natürlich kaum der Platz für ein Objekt, dessen Herkunft angezweifelt werden mußte.

Unser Treffen endete, ohne daß eine Entscheidung getroffen

worden war. Die Direktorin sagte, daß sie sich mit ihren Vorgesetzten in Frankreich beraten und sich über ihren Handlungsspielraum informieren werde, sobald die Sommerferien zu Ende seien. Sie glaubte, daß ein Gesetz gegen das Rückgängigmachen von Neuanschaffungen existierte, wußte aber nicht, wie dieses sich auf den von ihr erwähnten Rücktausch bezog. Als wir gingen, gab sie uns einen Brief aus Holland, der über die Adresse ihres Büros an uns geschickt worden war, und versprach, uns in Martinique anzurufen, wenn sie Neuigkeiten hätte.

Wir machten uns keine großen Hoffnungen. Fälscher haben, wie wir inzwischen wußten, so ziemlich alle Vorteile auf ihrer Seite. Leute, die von ihnen gekauft haben, sind selten erpicht darauf, Anzeige zu erstatten, und zwar nicht nur wegen des möglichen finanziellen Verlustes durch eine Entwertung ihrer Sammlungen, sondern noch mehr wegen der Blamage, die das Bekanntwerden ihres mangelnden Urteilsvermögens verursachen würde. In einer Umgebung, die auf Experten vertraut, riskieren ein Kunsthändler oder eine Museumsdirektorin, die in einen Gerichtsprozeß verwickelt sind, Mißtrauen und einen befleckten Ruf. Wie einmal ein Experte sagte: »Niemand hat ein Interesse daran, den Markt in Aufruhr zu versetzen. Das Vertrauen in den Markt ist eine sehr sensible Angelegenheit.« Und die Fälscher, die

genau wissen, wie dieses System funktioniert, vermeiden es, beweisbare Behauptungen aufzustellen, für die sie vor Gericht verurteilt werden könnten. Lafontaine hatte nie ein Dokument unterschrieben, das seine Geschichte von dem »Kreolenorchester« festhielt, genauso wie de Hory darauf geachtet hatte, seine Künstlersignaturen nie vor den gesetzlich festgelegten zwei Zeugen anzubringen, deren Aussage ihn nach französischem Recht ins Gefängnis hätte bringen können. Ein Ergebnis von all dem ist, daß die Museen der Welt voller gefälschter Kunstwerke sind, die die Museumsfachleute und Kunstexperten lieber nicht in Frage stellen wollen.

Als wir zum Auto zurückgingen, trafen wir mit Monsieur Peronnette zusammen. Er erzählte uns, daß er beschlossen habe, nach Frankreich zurückzukehren und seine verschiedenen geschäftlichen Unternehmungen in Französisch-Guayana während der nächsten ein oder zwei Jahre abzuschließen. »Ich bin jetzt schon seit dreißig Jahren hier«, sagte er. Er hatte vor, seine ganze Sammlung zu den Preisen zu verkaufen, die er Lafontaine bezahlt hatte, und fragte uns, ob wir jemanden in Französisch-Guyana kennen würden, der Interesse haben könnte. Er habe schon die Hölle durchgemacht bei dem Versuch, die Stücke zu exportieren, weil die Direktorin, »eine Fanatikerin, was den Schutz des kultu-

rellen Erbes angeht«, ihm ständig Schwierigkeiten gemacht habe. Im Auto öffneten wir unseren Brief von einem Freund und Kunsthistoriker in den Niederlanden, dem wir von einigen Aspekten unserer Nachforschungen erzählt hatten. Er schrieb uns seine Meinung und fügte einige bibliographische Hinweise bei, schloß aber mit einem ernüchternden Ratschlag: »Ihr müßt Euch unbedingt Gedanken um Eure Sicherheit machen. Wir leben in einer gefährlichen Welt, in der Morde geschehen. Geht also bitte kein Risiko ein. Selbst wenn ihr glaubt, Euren Freund festgenagelt zu haben, könnte es irgendwo noch jemand anderen geben, dem es nicht gefällt, daß er mit Euch redet.«

A̲m Abend, während wir unsere Flasche Scotch endgültig leerten, spielten wir eine Art Gesellschaftsspiel. Wir verteilten Fotos und Bücher auf dem Bett, und das Ziel war, so viele Stücke aus Lafontaines Sammlung wie möglich auf abgebildete Originale zurückzuführen.

Rich kassierte die ersten Punkte, indem er herausfand, daß das Pfeil-und-Feuerrad-Motiv auf der Maske und dem Phallus auch neben der Figur mit den exponierten Genitalien auf einem von Peronnettes Tabletts auftauchte (98) – und daß alle Motive aufs

Haar der Abbildung 110 in *Africains de Guyane* glichen, wo sie als männliche und weibliche Symbole bezeichnet wurden.

Sally zog gleich, als sie feststellte, daß die restliche Schnitzerei auf dem besagten Tablett nach der Tür in Abbildung 142 in unserem eigenen *Afro-American Arts* (67) modelliert worden war. Rich fragte sich anschließend laut, ob je eine andere Abbildung einer Saramakamaske außer unserer Illustration veröffentlicht worden war. Uns fiel keine ein. Wir schlugen in unserem Buch Abbildung 240 (125) auf, legten das Foto von Lafontaines Maske (109) daneben und sahen zum ersten Mal, wie sehr sie einander ähnelten: die Grundform, die Konturen der Nase, die halbkreisförmigen Ohren, die Augenbrauen und der Schnurrbart aus Tierhaaren und vor allem der charakteristische Mund – den Awali neu schnitzten sollte, damit er genau die richtige Form hatte.

Da das Foto noch obenauf dem Bett lag, begann Sally, über

die vielfältige Verwendung von Pflanzenschoten in Lafontaines Sammlung nachzudenken. Die Maske mit neuen Augen betrachtend, sah sie, daß ihr aus Bändern und Schoten bestehender Bart nicht nur vage an das »Schamhaar« am Phallus erinnerte, sondern ihm genau glich. Identisch in der Länge der Halterungsbänder, der Größe und Farbe ihrer Pflanzenschoten und im Grad der Verblichenheit ihrer Befestigungsschnüre aus Pflanzenfasern, mußten diese beiden Nachbildungen von Körperbehaarung einmal ein einziges Paar von Fußschmuck gebildet haben, der rhythmisch am rechten und linken Bein eines tanzenden Indianers oder Maroons geschüttelt worden war.

Als wir mit unserem Brainstorming weitermachten, fiel Rich ein weiteres Objekt ein, für das es nur ein Modell geben konnte. Soweit wir wußten, fand sich bei Hurault das einzige Bild eines dekorativ geschnitzten Kanubordrandes in der gesamten veröffentlichten Literatur. Er blätterte zu Seite 66 von *Africains de Guyane* und verglich die Abbildung mit dem Foto des Bordrandes, den wir im Depot gesehen hatten (115), und fand die Bestätigung seiner Vorahnung – Awali war beauftragt worden, ein Alukumotiv aus den fünfziger Jahren in eine Planke zu schnitzen, die Lafontaine dann an einem Kanu im Saramakastil angebracht hatte.

Am Ende errang Sally einen unerwarteten Sieg, indem sie über das Kapitel über Holzschnitzkunst in unserem Buch hinausging. Als sie sich durch die Seiten über das afrikanische Erbe in der Maroonkunst arbeitete, fiel ihr Blick auf ein Detail an einem Akanthron aus dem achtzehnten Jahrhundert (40), das der Kunsthistoriker Robert Farris Thompson einmal mit dem Griff an einem Erdnußreibebrett der Saramaka verglichen hatte, obwohl unserer Ansicht nach keine historische Beziehung zwischen den beiden Schnitzereien bestand. Sally verkündete triumphierend, daß seine Wendungen identisch waren mit denen des massiven, geflügelten Tabletts (87), das wir in Monsieur Peronnettes Wohnzimmer gesehen hatten. Wir rekonstruierten, daß Lafontaine, der wohl die (englischen) Bildunterschriften über die Herkunft des Throns übergangen hatte, so eingenommen von dem Design dieser afrikanischen Schnitzerei gewesen war, daß er die Linien auf ein Stück Papier übertragen und Awali beauftragt hatte, sie zu kopieren. Dieselbe afrikanische Vorlage hatte sogar noch eine weitere Verkörperung erfahren, als Awali Madame Charrières *pièce de résistance* schnitzte (126).

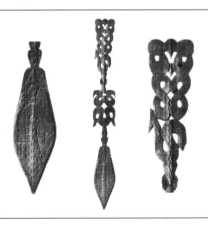

Unser letzter ganzer Tag in Französisch-Guayana. Trotz heftiger Befürchtungen von Sallys Seite riefen wir Lafontaine an, um ihm mitzuteilen, daß wir am nächsten Morgen vorbeikommen würden, um auf Wiedersehen zu sagen, ehe wir zum Flughafen fuhren. In der Zwischenzeit machten wir noch einen Höflichkeitsbesuch bei der Direktorin, verbrachten einige Stunden mit Awali und Selina, spazierten über den großen Markt, machten ein paar letzte Aufzeichnungen, packten und gingen zu Bett.

Sally fand sich in einem schwach erleuchteten Raum wieder. Sie konnte die Umrisse des Kanubugs und anderer überall verteilter Artefakte erkennen, war sich aber nicht sicher, ob sie sich im Nebengebäude des Museums oder in Lafontaines Wohnung befand. Sie wollte Rich fragen, aber der war außer Sichtweite und spielte irgendwo Detektiv. Sie hörte ein Geräusch, das aus einem anderen Teil des Gebäudes zu kommen schien. Dann näher kommende Schritte und das Drehen des Türknaufs. Sally duckte sich hinter ein Sofa und flüsterte Rich zu, dasselbe zu tun. Aber Rich kratzte an einem verrosteten Ziernagel herum und weigerte sich hartnäckig, damit aufzuhören. Sally flehte ihn an und weinte verzweifelt. Er beharrte darauf, daß er Wichtiges zu tun habe und dies nicht unterbrechen könne. Herein kam Lafontaine und

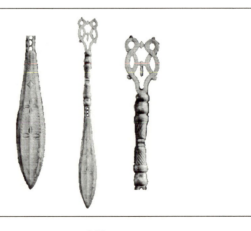

schwang drohend eine Pistole. Sally wachte auf, am ganzen Körper zitternd.

In ihrem erschöpften, noch halb im Traum befangenen Zustand rasten Sallys Gedanken zwischen Gegensatzpaaren hin und her, die doch alle Teil eines Ganzen zu sein schienen – Figur/Hintergrund, echt/gefälscht, Original/Kopie, Betrüger/Betrogener, Jäger/Gejagter, männlich/weiblich, Verführer/Verführte. Als ihr Kopf wieder klarer wurde, fiel die Logik dieser Gedankengänge in sich zusammen. Doch die verstörende Wirkung des Traums hielt an. Wer jagte wen? Wer betrog wen? Wer wußte, was der andere vorhatte?

Auf unserem Weg zur Appartmentanlage Les Balisiers versuchten wir, unsere Furcht unter Kontrolle zu halten. Wir konnten nicht sicher sein, daß er uns nicht auf die Schliche gekommen war. Woher sollten wir wissen, daß er uns keine Falle stellte?

Die Wendeltreppe hinunter und in das stickige Wohnzimmer hinein. Kein Elgar diesmal und keine Aufforderung, unsere Augen zu schließen. Wir wurden mit einer weiteren Flasche Elsässer bewirtet und bekamen eine weitere antike Truhe voll üppigen Federschmucks gezeigt. Wir warteten darauf, daß Lafontaine unsere Befürchtungen bestätigte, aber alles verlief wie immer. Er

wollte Komplimente über seine Maroonsammlung hören und äußerte sich besorgt über seine bevorstehende Europareise.

Er erzählte uns außerdem, daß er »täglich« eine riesige, eineinhalb Meter lange Wasserbüffelhorntrompete – phantastischer als alles, was wir bisher gesehen hätten – von dem Herrn in Paramaribo erwarte. Ob wir sie uns bei unserem nächsten Aufenthalt in Französisch-Guayana ansehen wollten?

Etwas später in diesem Jahr brachte uns ein Kolloquium über die Situation illegaler Einwanderer erneut nach Cayenne. Als wir unseren üblichen Besuch im Lager hinter Awalis Schnitzschuppen abstatteten, erfuhren wir, daß er Lafontaine mehrere Monate nicht gesehen hatte. Doch zwei Tage später, als wir uns gerade anzogen, um zu einer Sitzung über die Ernährungslage in den Flüchtlingslagern zu gehen, klopfte es an der Tür unseres Hotelzimmers. Awalis Gesicht schien ausdruckslos, aber sein Ton war ernst. Lafontaine war tot – der Herzinfarkt, den er immer vorausgesagt hatte. Awalis Neffe hatte an diesem Morgen die Verlesung der Todesfälle im Radio gehört, und Awali hatte sich gedacht, daß wir die Nachricht sicher erfahren wollten. Am darauffolgenden Nachmittag nahmen wir an der Beerdigung teil. Wir bekamen

Lafontaine nie ganz aus unseren Köpfen. Im folgenden Jahr, während eines Aufenthaltes in São Paulo, glaubte Rich, ihn in der Menge gesehen zu haben, als er sich durch einen weitläufigen Straßenmarkt drängte. Sally schlug daraufhin vor, einen Drink zu nehmen, um Richs überhitzte Phantasie abzukühlen. Doch das nächste Mal war sie es, die auf dem Flughafen von Miami eine winzige Gestalt in einem Hawaiihemd entdeckte, die gerade noch in einen schon abfahrenden Bus stieg.

Wurden wir beide langsam verrückt? Warum sollte ein Mann seine eigene Beerdigung vortäuschen? Wir überlegten, daß Lafontaine die Verbindungen und die Mittel dafür besäße – Freunde bei der Polizei, ein Arzt, dessen Mithilfe er hätte kaufen können, Geschäftsfreunde in Brasilien, die ihm hätten helfen können, heimlich die Grenze zu passieren. Aber was sollte das Motiv sein? Drogenhandel? Waffenschmuggel? So ziemlich alles war möglich – sogar Geschäfte im Antiquitätenhandel mit Schnitzereien oder Federn. Oder war es wahrscheinlicher, daß das Leben in den Tropen allmählich unsere Gehirnzellen in Mitleidenschaft zog?

Doch ein paar Monate später, in Bahia, wo wir an einem afrobrasilianischen *congreso* über die Rassenbeziehungen teilnahmen, sahen wir beide den »dritten Mann«. Diesmal trug er einen Strohhut und eine Sonnenbrille und saß in einem Café am Strand; es

hatte den Anschein, als ob er über die Straße direkt zu uns hinstarrte. Wir versteckten uns hinter einer Ecke, warteten, bis er bezahlt hatte, und folgten ihm dann in einiger Entfernung, schlängelten uns zwischen anderen Fußgängern hindurch und blieben zurück, wenn er sich in unsere Richtung drehte. Wir verloren ihn fast drei Stunden später in der Nähe des Pelourinho, als er in dem Gewirr von Gassen hinter der Igreja São Francisco verschwand.

Anmerkungen

Abbildungsquellen

Danksagung

Anmerkungen

Die Anmerkungsziffern beziehen sich auf die jeweiligen Textseiten.

- S. 5 Die Noten auf dem Innentitel sind die für die erste Geige im ersten Teil von Edward Elgars *Enigma Variations* (Op. 36). Dieser Partitur verdanken wir auch die Idee für unsere Widmung.
- S. 9f J. Tripot, *La Guyane: au pays de l'or, des forçats et des peaux-rouges*, Paris (Plon) 1910, S. 277.
- S. 9f Alfred Métraux, *Itinéraires I (1935–1953): carnets de notes et journaux de voyage*, Paris (Payot) 1978, S. 191–192 (Tagebucheintragungen vom 28. bis 30. Mai 1947).
- S. 10 Louis Doucet, *Vous avez dit Guyane?* Paris (Denoël) 1981, S. 102–105.
- S. 12f Lafcadio Hearn, *Two years in the French West Indies*, (Erstausgabe 1890) New York (Harper and Bros.) 1923, S. 1, 64–65.
- S. 26 Die Festrede wurde von Joël Joly, Präsident der ARDEC, gehalten und in *France-Guyane* im Jahr 1989 abgedruckt; das genaue Datum fehlt auf unserem Zeitungsausschnitt.
- S. 27 SEMAGU, »Programme Technique Détaillé«, Cayenne, September 1988, S. 5–7.
- S. 43 Die Lithographie trägt die Aufschrift »A Scene in Dutch Guiana in 1826. Benjamin Farre del et Lithog. 1840. Printed by C. Hullemandel.« Sammlung Silvia W. de Groot.
- S. 44 Der Aufsatz über Kennerschaft befindet sich in: Sally Price, *Primitive Kunst in zivilisierter Gesellschaft*, Frankfurt/New York (Campus) 1992, S. 22–42.
- S. 45 Lord Kenneth Clarks Aussage befindet sich in seinem Buch *Another Part of the Wood: A Self-Portrait*, London (John Murray) 1974, S. 45.
- S. 45 Siehe zum Beispiel Thomas Hoving, *Das Millionen-Dollar-Kreuz: Enthüllungen eines Museumsdirektors. Der langjährige Chef des Metropolitan Museums deckt Machenschaften des internationalen Kunsthandels auf*. Bern u. a. (Scherz) 1982.
- S. 45 Der Englischprofessor scheint sich zu beziehen auf James Brooke, »Ivory Coast: Faced with a Shrinking Supply of Authentic

Art, African Dealers Peddle the Illusion«, New York Times, Sonntag, 17. April 1988, Teil 2, S. 47.
- S. 70 Michel Laclotte, Kustos für Gemälde am Louvre, wird auf S. 28 und S. 36 so zitiert in: F. D.-R., »Qui décide de l'authenticité des tableaux?«, *Connaissance des Arts* Nr. 407, Januar 1986, S. 27–39.
- S. 108 Die Beschreibung des Schriftstellers stammt aus: Léon-Gontran Damas, *Retour de Guyane*, Paris (José Corti) 1938, S. 45; die des Journalisten aus: Alexander Miles, *Devil's Island; Colony of the Damned*, Berkeley (Ten Speed Press) 1988, S. 2.
- S. 124f Professor Swanns Darlegung folgt Carlo Ginzburgs Aufsatz »Clues: Roots of an Evidential Paradigm«, in: ders., *Clues, Myths, and the Historical Method*, Baltimore (Johns Hopkins University Press) 1989, S. 96–125.
- S. 128 Ms. Kim bezieht sich auf Bill Holm, *Northwest Coast Indian Art: An Analysis of Form*, Seattle (University of Washington Press) 1965, S. 82.
- S. 128f Bei allem gebührenden Respekt für Professor Randalls Gelehrsamkeit und Fachwissen möchten wir darauf aufmerksam machen, daß sein Tadel an Carlo Ginzburg wegen nachlässiger Veröffentlichungsangaben etwas übereilt war. In Ginzburgs *Clues, Myths, and the Historical Method* von 1989 – Professor Swanns Quelle für den fraglichen Aufsatz – finden sich ordnungsgemäße Angaben über dessen Publikationsgeschichte auf englisch und italienisch; dasselbe gilt für die Versionen in *History Workshop* (1980) und in dem Buch, das Professor Randall *The Rule of Three* nennt (richtig: *The Sign of Three*, 1983 von Sebeok zusammen mit Umberto Eco herausgegeben).
- S. 129 Die etymologischen Anmerkungen des Deutschprofessors beruhen auf Nicolas Barker, »Textual Forgery«, S. 23, in: Mark Jones (Hrsg.), *Fake? The Art of Deception*, Berkeley (University of California Press) 1990, S. 22–27.
- S. 129f Anthony Graftons Vorlesungen wurden veröffentlicht unter dem Titel *Forgers and Critics: Creativity and Duplicity in Western Scholarship*, Princeton (Princeton University Press) 1990. Deutsch: *Fälscher und Kritiker. Der Betrug der Wissenschaft*, Frankfurt/M. (Fischer) 1995.
  Die Stellen, auf die sich Professor Briggs bezieht, finden sich auf S. 45–49 und 65–67 der Originalausgabe. Die ältere Abhandlung, auf die Briggs anspielt, ist Johann Burchard Menckes *Zwey Reden von der Charlatanerie oder Marktschreyerey der Gelehrten: nebst verschiedener Autoren Anmerkungen*. Leipzig 1728.

S. 131 Professor Hertzman bezieht sich auf Clifford Irving, *Fake! The Story of Elmyr de Hory, the Greatest Art Forger of Our Time*, New York (McGraw-Hill) 1969.

S. 135 Professor Vanderkunsts Hauptquelle über Hans Van Meegeren war wohl: Lord Kilbracken, *Van Meegeren: Master Forger*, New York (Charles Scribner's Sons) 1967.

S. 137 Professor Dixon-Hunts Zeitungsausschnitt war John Russels »As Long as Men Make Art, The Artful Fake Will Be with Us«, *New York Times*, Sonntag, 12. Februar 1984, Teil 2, S. 1 und 24.

S. 139 Die Ausstellung im Britischen Museum wurde begleitet von dem Katalog *Fake? The Art of Deception*, herausgegeben von Mark Jones, Berkeley (University of California Press) 1990. Palmer Wrights Zitate befinden sich auf den Seiten 15 und 240. Bredius' ursprüngliche Kommentare erschienen im *Burlington Magazine*, November 1937.

S. 146 Grafton, *Forgers and Critics*, S. 6.

S. 146f Der Artikel im Wartezimmer des Zahnarztes war: Alicia Mundy, »The Artful Forger«, *Gentelmen's Quarterly*, Juni 1992, S. 200–206 und 214–217.

S. 149 Die Literatur zu den »JM-Fällen« ist beinahe uferlos, aber als Einstieg seien genannt: Martin Gottlieb, »Dangerous Liaisons: Journalists and Their Sources«, *Columbia Journalism Review*, Juli-August 1989, S. 21–35; und Janet Malcolm, »The Morality of Journalism«, *New York Review of Books*, 1. März 1990, S. 19–23; ebenso eine Serie von Berichten in der *New York Times* über den Malcolm/Mason-Prozeß im Frühjahr 1993. Die Bemerkung über die »Zickzacksprünge« stammt aus Jane Gross, »At Writer's Libel Trial, the Focus Turns to Styles of Speaking«, *New York Times*, 19. Mai 1993, S. A8. Der »Sex, Frauen und Spaß«-Abschnitt folgt David Margolick, »Libel Suit Uncovers Raw Nerve: Quotations«, *New York Times*, 5. Oktober 1990, S. B8.

S. 152 Über die Peg-Goldberg-Affäre siehe Dan Hofstadter, »Annals of the Antiquities Trade: The Angel on Her Shoulder«, *New Yorker*, 13. Juli 1992, S. 36–65 und 20. Juli 1992, S. 38–65.

S. 152 Hintergrundinformationen zum Fall des Cellinikelches finden sich in Joseph Alsop, »The Faker's Art«, *New York Review of Books*, 23. Oktober 1986, S. 25–31.

S. 157 Das Buch von Vayson de Pradenne wurde 1932 von Emile Nourry veröffentlicht. Wir zitieren hier aus den Seiten 8–9, 585–586, 593–596 und 674.

S. 161f Die Wörterbücher, die wir zu Rate zogen, waren *Le Petit Robert I*, Paris (Dictionnaires Le Robert) 1990, *Robert Collins Dictionnaire Francais-Anglais, Anglais-Francais* Paris (Dictionnaires

Le Robert) 1987, der *Oxford English Dictionary*, New York (Oxford University Press) 1971 und der *Random House College Dictionary*, New York (Random House) 1984.

S. 186 Für weitere Informationen zu Chavenet siehe William Gaddis, *The Recognitions*, New York (Harcourt Brace) 1955. Chavenet wird zum ersten Mal auf S. 558 der Penguin Taschenbuchausgabe von 1993 erwähnt.

S. 189 Elgars Ideen für das Ballet werden beschrieben in Michael Kennedy, *Portruit of Elgar*, London (Oxford University Press) 1968, S. 70.

S. 226 Wir haben Boggs' Geschichte entnommen aus dem Artikel »Is It Counterfeit Money or Art? (Or Can It Be Both?)«, *New York Times*, 6. Dezember 1992, S. 17 und aus S. 20 von David Lowenthal, »Forging the Past« in: Jones (Hrsg.), *Fake? The Art of Deception*, S. 16–22.

S. 228 Gombrich legt seine Argumentation dar in *Kunst und Illusion: Zur Psychologie der bildlichen Darstellung*, Stuttgart u. a. (Belser) 1986. Welles trifft seine Feststellung in seinem Film *F wie Fälschung* von 1975.

S. 233 Die Seiten, die Professor Hertzman uns schickte, enthielten eine Reihe von Interviews von Martin Gottlieb in der *Columbia Journalism Review*, »Dangerous Liaisons: Journalists and Their Sources«, Juli-August 1989, S. 21–35.

S. 152f Unser Gespräch über die Hindernisse bei der gesetzlichen Verfolgung von Kunstfälschern beruht auf Orson Welles' Film *F wie Fälschung*; einem Katalog des Minneapolis Museum of Fine Arts von 1973 mit dem Titel *Fake and Forgeries* von Kathryn C. Johnson; Eric Hebborns Autobiographie *Drawn to Trouble: The Forging of an Artist*, Edinburgh (Mainstream Publishing) 1991; und dem Buch von Clifford Irving, das Professor Hertzman gelesen hatte.

Abbildungsquellen

Für die Gestaltung der Abbildungen auf den Seiten dieses Buches manipulierten wir Bilder aus verschiedenen veröffentlichten und unveröffentlichten Werken und kombinierten sie häufig miteinander. Als Quellen verweisen wir die Leser auf die folgenden Veröffentlichungen; die Ziffern in Klammern beziehen sich auf die Seiten von *Die Instrumente der Fälscher*, auf denen die Abbildungen jeweils zu sehen sind.

Ernesto Cavour Aramayo, *El charango: su vida, costumbres y desventuras*, La Paz (Cima) 1988, S. 156 (60).

Philip J. C. Dark, *Bush Negro Art: An African Art in the Americas*, London (Tiranti) 1954, Tafeln 1b (144), 18c (17), 21a-Detail (113), 27a (89), 27b (92), 34b (151), 36 (47) und 42c (122).

Jean Hurault, *Africains de Guyane, la vie matérielle et l'art des Noirs Réfugiés de Guyane*, Paris und Den Haag (Mouton) 1970, Tafeln VIII/2 (137), IX (59), XI/1 (135), XI/2 (86), XI/3 (136), XII/1 (36), XIV (94), XVI (27), XVIII/1-Detail (65), XVIII/3-Detail (22) und XVIII/5-Detail (116).

Morton C. Kahn, *Djuka: The Bush Negroes of Dutch Guiana*, New York (Viking) 1931, S. 27/204 (89) und gegenüber S. 196 (104).

Sally Price und Richard Price, *Afro-American Arts of the Suriname Rain Forest*, Berkeley (University of California Press) 1980, Abbildungen 36a (161), 49h (46), 122a (15), 122b (16), 122e (100), 122f (43), 122g (64), 122h (103), 123a (44), 124a (134), 124b (130), 125b (162), 126 (26), 127a (142), 129 (41), 130a (96), 131 (157), 132 (138), 133 (124), 134b (156), 136a (31), 138c-Detail (82), 138d-Detail (83), 140 (118), 142 (67), 143 (73), 146 (146), 149 (85), 150b (153), 151 (139), 153 (111), 154 (55), 155 (52), 156 (50), 165a (69), 165b (106), 166 (141), 168 (90), 169 (34,84), 173 (72), 175 (62, 88), 177 (10, 42) 178 (70, 79), 179a-Detail (117), 189a (160), 189b (152), 189c (71), 189d (23), 193 (25, 99), 194 (51), 195 (56, 132), 197 (145), 200 (29), 201c-Detail (38), 202a-Detail (66), 202c-Detail (108), 204a (102), 205 (11), 206 (138), 208 (150), 209a (129), 240 (125), 243 (80), 246 (49), 249 (39), 250 (30), 252 (107), 265a-Detail (40), 267 (155), 269a-Detail (19) und Tafel XV (14, 93) und XVI (76).

Corinna Raddatz (Hrsg.), *Afrika in Amerika*, Hamburg (Hamburgisches Museum für Völkerkunde) 1992, S. 169 (143).

Weitere Modelle für unsere Graphiken wurden freundlicherweise zur Verfügung gestellt von: Museum voor Volkenkunde Rotterdam – Fotos von zwei Saramakamasken, gesammelt 1968 für das Surinaams Museum »in Asini, Oberer Surinamfluß« (57, 163); American Museum of Natural History – ein Ndjukaessensspatel, gesammelt ca. 1930 (128); Bureau du Patrimoine Ethnologique, Cayenne – ein Saramakaerdnußreibebrett, geschnitzt 1990 von Mando für das zukünftige Museum (127); Kathryn Burns – ein *charango*, gekauft 1982 in Peru (74); und Bonno und Ineke Thoden van Velzen – ein Ndjukatablett, geschnitzt zu Anfang des Jahrhunderts und 1961 im Dorf Puketi gesammelt (114).

Sieben Abbildungen wurden nach Postkarten (datiert 1986) des Völkerkundemuseums Herrnhut, Deutschland, gestaltet (140, 147, 148, 149, 154, 158, 159)

Zwei Graphiken wurden nach bisher nicht in Veröffentlichungen abgebildeten Stücken aus unserer eigenen Sammlung gestaltet: einem Saramakahocker, ca. 1960 geschnitzt von Gonima aus dem Dorf Asindoopo (33), und einem Saramakakamm aus dem frühen zwanzigsten Jahrhundert, der uns 1981 von Dianne Nevel aus Burbank, Kalifornien geschenkt wurde und über den wir keine weiteren Informationen besitzen (75).

Nachweise für alle anderen Abbildungen sind im Text enthalten.

Danksagung

Im Verlauf dieses Projektes wurden wir durch zwei Forschungsstipendien (eines für jeden von uns) der John Simon Guggenheim Memorial Foundation unterstützt sowie von einer Forschungsbeihilfe des National Endowment for the Humanities, einem Rockefeller-Humanities-Forschungsstipendium der University of Florida und zwei Forschungsbeihilfen der Wenner-Gren Foundation for Anthropological Research.

Für ihre hilfreichen Kommentare zu Entwürfen des Manuskripts danken wir Jim Clifford, Bill Germano, George Lamming, Leah Price, Niko Price, Peter Redfield, Gary Schwartz und Randy Starn. Außerdem danken wir Camille Smith von der Harvard University Press für ihr Feingefühl beim Lektorieren des Manuskripts.

Für anregende begleitende Diskussionen während der Entwicklung dieser Geschichte danken wir Ilisa Barbash, Antonio Díaz-Royo, Patrick Menget, Gert Oostindie, Dan Rose, William C. Sturtevant und Lucien Taylor. Besonderen Dank an Scott Parris für seine Informationen über Elgar.

Die Computergraphiken entstanden, als wir Gäste des Center for Latin American Studies an der University of Florida in Gainsville und später Gastprofessoren der George-A.-Miller-Stiftung an der University of Illinois in Urbana-Champaign waren. Wir danken diesen Universitäten für die Möglichkeit, ihre Computerlabore zu benutzen, wo wir zahllose Stunden mit deren Scannern und Photofinish-Software arbeiteten.